台灣書房

台灣書房

The Secret of Writing

寫作的秘密

辜振豐 著

目錄

導論

作家像哥倫布

美國作家馬克吐溫開過出版社，對於編務和書市瞭若指掌。他指出，編輯偶爾會拿到很暢銷的書稿，但事先根本無法預測，所以身為編輯就像哥倫布，本來要航向印度，卻到了中美洲。其實，很多暢銷作家又何嘗不然！

■美國作家馬克・吐溫

回顧舊時代，文人跟藝術家總是在贊助制度的庇護下，專心創作。十五世紀最出名的贊助人就是佛羅倫斯的美第奇家族。也因為這個家族塑造的贊助文化，間接推動歐洲的文藝復興。到了十六世紀，文人書寫以劇本為主，例如英國伊麗莎白時代的莎士比亞。他本身受到王公貴族的贊助，加上劇本演出，又有一筆可觀的收入。而對岸的法國也不例外，如十七世紀的路易十四，本身雅好文藝，尤其在凡爾賽宮會有定期的表演。比如說，擅於撰寫戲劇的莫里哀就是在路易的贊助下，順利完成許多精彩而有趣的劇本。

■《魯賓遜漂流記》作者狄福

十八世紀一登場，西方世界的市場經濟開始大行其道，書市也跟著熱絡起來。很多作家日漸擺脫王公貴族的贊助，因爲只要作品可以賣的話，倒是能夠自力更生。像英國詩人波普翻譯荷馬的兩部史詩而賺進大筆鈔票，後來還請人蓋了一座美輪美奐的風景式庭園。小說家狄福早年十分潦倒不堪，平時喜歡寫一些小冊子，諷刺高官顯要，結果數度進出監獄。不過，他著作等身，一輩子還寫了三百多本書。一七一九年四月，他年屆六十高齡，完成了名著《魯賓遜漂流記》，一上市後，就成爲暢銷書，而且歷久不衰。令人驚訝的是，稿酬只有十英鎊，而書上作者竟沒有掛名。

到了十九世紀，報章雜誌開始大行其道，尤其是新聞連載小說，有些作家一夕之間賺進大筆鈔票。如法國歐仁蘇、大仲馬、雨果，以及英國的狄更斯。不過，巴爾札克揮霍無度，盲目投資，加上追求貴婦，以致負債累累，而狄更斯因孩子太多而所剩無幾。可見舊時代的作家能夠依靠作品而躋身到富豪之列並不多。

一般人以爲暢銷作家總是一步登天，但未必如此。美國驚悚作家史蒂芬．金成名的前八年經常遭到退稿，畢業後任教高中，爲貼補家用，還到洗衣店打工，這些點滴在《寫作論》中交代得一清二楚。某日上課時，接到一通電話，心中覺得不太尋常，拿起電話筒一聽，原來是出版社編輯已同意出版！他的處女作《魔女嘉莉》上市前，雙日出版社只給他兩千五百元美金，一年後，此書大賣，平裝本的稿費則漲到四十萬美金。得知這項好消息之後，他直接衝到街上蹦蹦跳跳，因爲可以立刻辭掉教職，以便專心寫作。

作家成名後，背後往往有一段有趣的故事。《哈利波特》作者羅琳曾在匈牙利教英文，後來離了婚，成了單親媽媽，幸好先有救濟金，後有蘇格蘭文藝協會的補助金。不過，日子依舊苦哈哈，畢竟在咖啡廳裏，一面要創作，一面還要帶小孩。何況第一集完稿後，遭到九家出版社拒絕，其中包括哈潑柯林斯、企鵝等大型公司，最後由百花里出版社（Bloomsbury）推出上市。目前，百花里依靠羅琳這顆「金雞蛋」，更開始和英國的大出版社平起平坐！

更不可思議的是，日本靜山社也靠羅琳而大發利市。靜山社是日本的一人出版社，前社長因肺癌而去世，之後，便由他太太松岡佑子接任。平時營運不佳，但某日有位認識羅琳的好友跟她談起可以考慮取得《哈利波特》的翻譯授權，雖然英國方面還沒同意出版。於是她靈機一動，就搭飛機到英國找羅琳。這位名不見經傳的作者大為感動，也同情寡居的松岡佑子，便一口答應。回到日本，身為口譯專家的松岡佑子本身精通英文，更親自擔任翻譯。小小一家靜山社賺了大錢，目前已經在東京蓋了辦公大樓！

■柏吉斯為劇作家馬羅立傳

顯然，羅琳和史蒂芬・金在寫作過程中，從來也沒有考慮到市場，但書一上市，卻叫好又叫座。不過，有些西方作家頗能洞察書市的脈動，選定題材時，就有行銷的考量。例如，富蘭克林自己成立讀書俱樂部，出書前更與報章雜誌的配合而大力宣傳，難怪書一出，便大爲暢銷。批評家威爾遜（R. Jackson Wilson）曾指出，富蘭克林是第一位名利雙收的美國作家。又如比利時推理作家奚孟農曾經當過記者，平時十分留意讀者的品味，所以作品一上市，便得到讀者的青睞。他一生寫了四百多本小說，其間賺進巨額的版稅，一度定居在瑞士山上的古堡，家中還請了十個傭人。至於林語堂所推崇的幽默作家利考克（Stephen Leacock），本身是加拿大麥基爾大學經濟學教授。教學之餘，也寫了很多小說，每當出書時，必定選在耶誕節前夕，因爲這段期間書店的人氣十分暢旺。

記得以前剛接觸西洋文學，總是誤以爲作家一旦成名，必然名利雙收，但事實並非如此。探索他們的生平，發現中世紀詩人喬叟曾是國稅局官員，而他的後輩作家大多有專職，如劇作家馬羅（情治人員）、亨利・費爾汀（法官）、馬修・阿諾德（督學）、哈代（建築師）、費滋傑羅（廣告人）、傑克・倫敦（卡車司機）等。除了暢銷作家，一般專業作家平均年收入並不高。一九七九年，美國作家協會曾經對入會的作家做調查，結果平均年收入只有美金一萬一千元！

西方書市已經十分成熟，許多作家的寫作歷程是值得參考的。有些作家並不醉心於文學獎，但他／她們願意在書市奮力一搏，如符傲思、納博可夫、萊辛。要知道《法國中尉的女人》、《洛麗塔》、《金色筆記》，不但歐吉桑歐巴桑很喜歡看，同時還是大學文學系的教材。看來，這三位作家都能夠悠遊於純文學和大眾文學的領域。

01 作家與書寫空間的蛻變

探討西洋書寫文化，則必須回溯到希臘，早期是以口述文化爲主，例如吟唱詩人荷馬一面彈奏樂器，一面敘述特洛伊戰爭和奧迪修斯海上漂流的故事。至於思想的交流則透過對話，海野弘在《書齋的文化史》指出，西元前四六九年，蘇格拉底出生於希臘雅典，父親是工匠，母親則是擔任助產士。長大後，面對雅典和斯巴達的戰爭，雅典吃了敗仗，蘇格拉底開始批判當時虛僞的宗教，因此被扣上「煽動年輕人」的罪名，遭到當局的逮捕，最後命令他喝下毒酒。蘇格拉底鋃鐺入獄時，於是監獄變成他的的書齋。固然蘇格拉底並沒有留下任何書寫作品，但有些論者指出他在監獄思考一些哲學問題。目前，要了解他的哲學觀點只能經由柏拉圖對話錄。回溯西方早期的書寫文化，監獄無疑是書房的原型，即使現代專業作家的創作時空，在某種程度帶有短暫的「自我囚禁」。

當時，書寫的工具是蘆葦筆，墨汁是煤、水、樹脂所調製而成的，至於紙就是莎草紙，由埃及進口。但蘇格拉底早期並不重視書寫，因爲當時習慣在廣場探討思想，傳播知識，而通過對話激盪出智慧的火花。廣場是神殿、市公所、噴泉的所在地，同時是思想意見交流的空間。

此後的希臘羅馬就出現了書店，但書架擺的是一卷卷莎草本。顯然，從書店的圖像可以想像當時貴族和學者作家的書房。蘇格拉底之後，思想不再是對話，而是個人的沉思、冥想。到了基督教成爲羅馬國教，書寫文化的過渡期出現，教科書使用皮紙，但文學作品仍是莎草紙。接著，日耳曼民族入侵羅馬，中世紀正式登場，羊皮和小牛皮取代莎草紙，這一來書本的外觀開始起了變化。

中世紀的歐洲是基督教世界，教會主宰一切，閱讀跟書寫也受到教會的影響。當時流行的「斜面桌」又稱爲「閱書桌」，本來是擺置在教堂內部的講壇，如聖葛雷高里。但後來個人便用來閱讀，後來則成爲書桌。

在中世紀，彩飾手寫本一直是主流，版面的尺寸，字體大小、插圖完全依照個人的風格而定。除了教會的《聖經》、時禱書之外，威尼斯和日內瓦也出現私人的出版工房，平時聘請一批抄寫員以手抄的方式製書籍。就其演變的過程而言，從中世紀到十二世紀各地教會和修道院都設立「寫本製作室」，但到了十三世紀這種寫本工房急速沒落。究其原因，都市日漸發達，而巴黎、牛津、劍橋等大學開始登場，代之而起的是，具有世俗意味的「商業寫本工房」逐漸興起。例如，勃艮地公爵曾經造訪羅瓦澤・李戴特工房，並訂製書籍。其實，出版工房並不是爲教會服務，而是爲王公貴族製作精美的「時禱集」。這種時禱集制定祈禱的時間和內容，一開始限於貴族，但後來則擴散到民間男女。一旦大量生產之後，很容易被一般人所擁有，也因此個人的書房開始出現。

中世紀的修道院可以說是呈現近代書齋和出版的原型——圖書室置放書籍，寫本工房製作書籍。比如說，本篤會規定修士一天要花四個小時在迴廊讀書、思考。自十三世紀以後，學問的流通從修道院轉向都市，因爲大學正式登場，加上附設圖書館，而且獨立於教會和修道院之外的寫本工房又相繼亮相。

中世紀流行使用斜面桌，到了十六世紀則跟平面桌並用，而桌面所擺設的物品日漸增多，如紙、鉛筆、信紙等。此外，貴族也喜歡折疊式的移動書桌。一五二〇年，德意志畫家杜勒到了尼德蘭一遊，訪問了《愚人頌》作者伊拉斯謨，四年後完成了畫作《鹿特丹的伊拉斯謨》，在作品裡，可以發現他書齋裡的平面桌上加了一個小斜桌，而眼前放置一個花瓶，至於左邊則有四冊的精裝手抄本。在寫作時，他左手握著墨水瓶，右手持著孔雀毛筆。從這張畫作可以推想當時書房的情景。

書齋成為個人的孤獨空間，既可以寫作，又能夠透過想像、思考讓自己的意識悠遊各地的空間。以蒙田為例，他於一五五七年擔任波爾多最高法院評定官，一五七一年退休後，隱居在自己的城堡，過著讀書和內省的生活。就城堡內部而言，一樓是禮拜堂，二樓是寢室，三樓則是書齋。每天一起床，向母親請安之後，便走上書房，過著孤獨的生活。他指出，整座書房位於塔樓，是圓形的空間，桌子和椅子成一直線，眼睛一轉，就可以看到每一本書。蒙田深知書齋帶有憂鬱的元素，處於這種空間精神充滿活力，但肉體卻失去元氣。面對這種宿命，近代人則樂此不疲。

到了十七世紀，家具邁入一個新階段，換言之，為了書房的「書桌」（writing table）開始亮相。有趣的是，法國女貴族創造沙龍，每個禮拜總會邀請文人藝術家來家中客廳跟來賓談文論藝。至於她們自己的閨房裡，不但是化妝室，也是書房，一面照鏡子，一面寫文章。當時誕生一位女性書信作家塞維尼夫人，她的書信集在法國文學史還占有一席之地。至於喜劇作家莫里哀更創作出《女學者》的戲碼。顯然，女性開始在書寫和學問的世界嶄露頭角。

此外，王公貴族也成爲大蒐藏家，接著圖書館也開始登場。回顧十五世紀中期，古騰堡研發一部印刷機，印製歐洲第一部活字印刷書籍《古騰堡聖經》。這種印刷術帶動了知識革命，同時讓書籍出版更加快速。

丹尼爾．馬羅曾經因爲信仰新教的胡格諾教派，以致遭到法國放逐而流亡到荷蘭。後來成爲奧倫治公爵的建築師，並於一六八九年跟瑪莉結婚後，成爲英國國王，馬羅也跟著他到倫敦，並負責漢普頓園的室內設計，他留下一幅銅版畫「圖書館的內部」，呈現圖書館的內部景象。除了一扇窗和通往隔壁房間的一道門之外，前後左右都是擺滿書籍的書架，書桌是由平面桌和斜面桌構成的，椅子後面是壁爐，上面有一座時鐘。

十七世紀，書齋開始蛻變成近代的公共圖書館。換言之，王公貴族的私人書齋面對公眾解放，而成為公共圖書館，例如，畢業於牛津大學，後來擔任外交官的湯馬斯．波特雷爵士的波特雷圖書館，以及巴黎馬札然樞機主教的馬札然圖書館。至於大英圖書館更是馳名世界，馬克思於十九世紀中期流亡到倫敦，能夠撰寫《資本論》，則不得不歸功於館內的藏書。

從過去的貴族社會到十九世紀的市民社會，可以看到貴族的大書齋因解放而成為圖書館，這一來書籍不再是集中在少數人身上。尤其是，一八三〇年以來，近代都市的興起，居住空間日漸狹小，因此到處可以看到家家戶戶的小書房。

顯然，有些人家的書房雖然無法跟圖書館相比，卻能夠發揮小學校的功用。例如，英國女小說家維吉尼亞・吳爾芙（Virginia Woolf），出身於書香世家，父親是名學者萊斯里・史蒂芬，曾主編《國家傳記辭典》和《五穀丘》雜誌。她父親交友廣闊，許多文人學者經常出入她的家裡，因此吳爾芙從小就認識亨利・詹姆斯和喬治・梅瑞迪斯。

但她家仍秉持維多莉亞傳統：重男輕女，加上吳爾芙從小精神異常，以致沒有接受正規教育。不過，吳爾芙本身才氣縱橫，天資聰穎，透過不斷地努力，天天待在父親的書房博覽群籍。長大後，吳爾芙推出許多精采小說，如《美麗佳人奧蘭多》、《達洛威夫人》。此外，她透過犀利的文筆在英美兩地的報章雜誌撰寫書評，並探討小說創作和兩性關係。吳爾芙也與她先生萊歐納德合開霍格思出版社。值得一提的是，吳爾芙在五十歲時接受劍橋大學聘請，擔任克拉克講座教授，而她父親萊斯也曾榮獲此項職位。

在吳爾芙的有關兩性論述中，以《自己的房間》評價最高。過去，她分別在紐納姆藝術學校和格頓女子學院發表演說，後來，她將這兩篇論文修改後，集結成書。在書中，她探討女作家在西方歷史的處境和努力。同時，她更以自己的成長過程和生活經驗爲基礎，娓娓道出成爲女作家的條件。她自小就有自己的書房，長大後自己因出版小說和寫書評，以至於可以請人做家事。如此一來，便有時間從容不迫地寫作。因此她指出，要當女作家，首先自己必須要有自己的書房，接著更要有錢。

至於有些作家因自己的作品大爲暢銷而成爲蒐藏家，比如說，快要年屆知天命之年的符號學家艾可（Eco）在四十八歲那年終於可以掛上「作家」的頭銜，這要歸功於《玫瑰的名字》。他所居住的小城堡，是由耶穌會的一家學校改裝的，位於米蘭郊外的小山丘。這座城堡的龐大空間容納約四萬冊的藏書，而且大多是珍本書。當然這些的花費就是來自於優渥的版稅。

回溯西方早期的書寫文化，監獄無疑是書房的原型。在歷史的進程中，社會、文化、政治、經濟的種種變化讓書齋呈現不同的意義。不過，有些本質的意義，如蘇格拉底當年在獄中的寫作情景，即使現代專業作家埋首於書房之中，某種程度仍然帶有短暫的「自我囚禁」。

02 職業作家的條件

職業作家，就像台灣雲豹或大陸熊貓，屈指可數。日常生活中，必須忍受別人投以異樣的眼光。比如說，鄰居會問你：「怎麼不去上班呢？」換發身分證時，戶政人員會說：「很抱歉！先生，作家無法登記在職業欄裡。」其實，職業作家也在上班，只不過地點可能是家裡或是咖啡廳，而且在一定的日期內也要交出業績，而業績就是稿子。當然啦，作家不像上班族有固定的月薪，收入當然非常不穩定！

目前大家講究「慢活」，但我覺得身爲職業作家是沒有資格享受這種生活。尤其剛踏入這一行，務必要兢兢業業，如臨深淵，如履薄冰。不過，逍遙的日子還是可以期待的，比如說，你推出好幾十本，開始保有固定的銷路，屆時再講究慢慢來的生活美學，爲時未晚。

有人說作家一旦成名，必然名利雙收，但事實並非如此。其實，大部分作家都是要兼職，有的是大學老師，有的是上班族，有的是政壇人物，有的是本身跟出版有關的編輯，有的則是記者出身。例如，哥倫比亞小說家馬奎茲和智利女作家阿言德。其實，他們一開始踏入文壇，經濟狀況並不好，但作品成爲暢銷書之後，收入豐富，以致於邁向專業寫作之路。

職業作家的收入向來不穩定，有時候算起來甚至比上班族還少，但也不要以爲老天對你不公平，人家一大早起來，就要冒著刮風下雨豔陽，趕路去上班，但作家可能還在睡大頭覺。你享有的自由比別人還多得很。作家還沒出名之前，固然要省吃儉用，但旭日一東升，面對柴米油鹽醬醋茶還是需要錢。坦白說，要進入寫作的行業，事先要有心理準備，最好本身有一份基本的收入，當然啦，要是家人或是太太願意在背後鼎力支持，那也是美事一樁，畢竟寫作是一種極爲艱苦的行業，收入往往不多，卻要付出極大的心血，換來的報酬根本不成比例。

記得有一本書叫《蘋果橘子的經濟學》，其中有一章調侃美國的小毒梟，平時要跟媽媽住一起，接受家人的供養，不但每天要在街頭槍戰，冒著生命的危險，而且運氣背的話，鋃鐺入獄則不在話下。作者指出，販毒的利潤龐大，但背後的利益每每被老大拿走。看了這一章內容，讓人覺得有些作家所得到的利潤跟小毒梟差不多，唯一的差別只是沒有生命的危險罷了。試想這些作家平時的收入僅能糊口，有時候一旦作品滯銷的話，向來和顏悅色的編輯，免不了擺起臉孔，拒絕下一本書的出版，這時候，只好跟媽媽一起住。如果結了婚，當然首先需要取得太太的諒解，然後再得到她的鼎力支持，否則你賺不了錢，光是每天大吵大鬧，哪有心情寫稿。

爲了收入跟作品，首先職業作家要學會管理時間，切忌一天捕魚三天曬網。除了寫書之外，平時要寫寫專欄，偶爾也要接受編輯的邀稿，這種種方式都是資本主義的運作。資本主義要求效率、管理、規劃。如果無法達到這些要求，講現實一點，收入將無法平衡。

只要靈感一來，文字總會像泉水不斷地湧現。一旦被打斷，可能再也追不回來，所以最好關掉家中的電話和身邊手機。精神一集中寫稿，上網容易分心，盡量在晚上寫完稿子之後，再打開網路，瀏覽電子郵件。這一來，就可以節省很多時間，因爲身爲一位作家不光是要節能減碳，更要避免浪費時間。

至於作家的寫作時間，有的適合早上，有的習慣晚上，這當然視自己的生活習慣而定。像哥倫比亞小說家馬奎斯、大陸作家王蒙都是一大早就爬起來寫稿，他們至少一天要寫個三千字。但作家成天窩在書房難免氣血不通，爲了長久的健康，就要動一動。談起運動，王蒙習慣游泳，小說家作家殘雪和美國作家歐慈則喜歡跑步。巴西作家柯爾賀和村上春樹則偏好長途漫步。

作家面對市場，或多或少會有自戀的傾向，寫作過程中難免認爲自己的文章最好，可以凌駕別人，一旦上市之後，登上暢銷排行榜是必然的，但過了一段時間，經過市場無情的考驗，終於發現自己並未得到讀者的青睞，於是開始大罵讀者沒水準，台灣的讀書風氣不好，大家根本不學無術，只會看漫畫、打電腦遊戲、逛街血拚，最後更肯定台灣的競爭力必然越來越低下，於是整天抱怨東抱怨西，最後越寫越沒有勁頭，甚至還動了移民的念頭。不過，地球並不是繞著自己而運轉，時時怨天尤人是於事無補的。出書前，最好不要有誇大妄想的心態，以爲自己必定會成爲暢銷作家。所謂「爬得越高，摔得越重。」一旦賣得不好，也不必要搶天呼地，更不要預言世界會毀滅。

說也奇怪，有些作家書一出，卻賣了好幾萬本，如果說讀書風氣不好，那爲何有些人的書大賣？而且也不會受到景氣的影響。十幾年前，有一種流行的說法，那就是寫那種輕薄短小的書，才會好賣。但讀者的閱讀品味有時候難以預測，近年來，大部頭的長篇小說如《群》、《海》，卻賣得呱呱叫，這種有趣的現象眞讓人跌破眼鏡。其實，寫作的態度不妨瀟灑一點，這樣才能受到幸運之神的眷顧。很多暢銷作家只憑著一股熱情，埋頭創作，結果反而打出一片新天地。

所以說，與其整天愁眉苦臉，倒不如輕鬆瀟灑一點，檢討自己的問題所在，以便爲自己開出另一扇門。最好能夠走出自戀的框框，徹底檢討上一本書的問題所在，千萬不要怪東怪西。有時候不妨想一想自己才寫了第一本書，讀者根本還沒有認識你，這一來就開始寫第二本會比較踏實一點。多寫幾本，形成自己的風格，久而久之，讀者就有機會深入認識你，也因爲認識你的內容，進而變成你的粉絲，一旦粉絲聚集成一大群，那將來就有機會擠入排行榜，同時也讓自己成爲有資格當起專業作家。

身爲作家，挪一些時間研究市場的走向，好處多多。如果寫小說難以抵擋外國翻譯小說的市場，那不妨改寫散文，這一來競爭對手便少了許多。二戰之後，寫長篇小說的作家是主力，目前全球化的時代，經由翻譯的文字轉換，老外個個會寫中文小說，反之，老外寫散文的人越來越少，他們比較重視評論文章，因此生活小品，倒是可以一試。

當然，培養全方位寫作是最理想的狀態，雖然需要下苦功，但利多於弊害。例如村上春樹可以寫出各種文類——小說、音樂評論、報導文學《地下鐵事件》、作家評傳《費茲杰羅研究》、遊記、翻譯雷蒙・卡佛的短篇小說。歐慈除了任教於普林斯頓大學，寫小說也寫文學評論，有時候還針對童年的興趣發展出一本《論拳擊》。幾年前，她也出了一本討論創作的《一位作家的信念》。

如果有固定在報章雜誌寫專欄，至少有一些固定的進賬，要是在大學教書，那就更幸運，畢竟在校園任教，不一定每天有課。假使一個禮拜上三天，那就有四天的空閒寫稿。一旦碰到周末，最好也要犧牲。

義大利名作家艾可，本身也在大學任教，他推出好幾本大作，如《玫瑰的名字》、《昨日之島》、《傅柯擺》。他曾經指出，很多大學老師一到假日，就去打高爾夫球，他則全心投入創作。因此才能夠寫出這些作品。

有些作家生在舊時代，十分幸運，只要拿個碩士學位，便可以到大學教書，每個月會有一份固定的收入。這種類型的作家慢工出細活，五年或十年才出一本作品。可是，這種類型的作家絕非現代專業作家模仿效法的對象，因爲作家沒有固定的收入，那你肯定要喝西北風！其實，不見得每個作家都能夠到大學去教書。所以「窮則變，變則通」。首先，如果你有一點知名度，那就具備談判的籌碼。最好眼睛要放亮一點，好好選擇願意支持你的老闆或編輯。也就是說，在你收入不平衡的狀況下，他能夠預付版稅，以解決燃眉之急。固然目前太太媽媽可以幫你支付生活費用，而且住家裡，開銷不多，但有時候，針對某一個主題要書寫一本書，還是需要許多參考資料，這一來就要一筆經費蒐集資料。

可以觀察一下，一本書要暢銷，還是需要下一番苦功，除了每天的例行的書寫之外，也要很多資料，即使飛到外國蒐集也是可以考慮。以《達文西密碼》爲例，美國作者丹布朗必定投下一筆很可觀的費用，到英國、西班牙、義大利、法國去收集各種寫作材料。例如《陰陽師》作者夢枕獏，每隔一天就要閱讀各類書籍和資料。

既然身爲職業作家，十分辛苦，那不妨彈性處理，換言之，可以拿掉「職業」這兩個字，當個「作家」就好。這一來，一有時間，也可以接演講，也可以兼課。如果沒有研究所學歷，可以試試社區大學。如果有設計的才華，也可以接出版社的case，如設計版面或封面。不過，千萬不要只有在家等電話，「毛遂自薦」往往會給自己一個好機會。

03 作者與編輯的協和音

有些人努力一陣子，獲得文學獎，並希望日後可以在報章雜誌寫稿。但得了獎之後，卻等不到編輯的電話，因爲他以爲得了獎等於領到寫稿的「護照」，其實不然。成就寫稿的因素，不外乎機緣、人際關係、文筆、學問等。

有人常常投稿給報章雜誌，但往往石沉大海，或是投十篇登一篇，這當然跟期待有所落差。其實，有些版面往往是以邀稿的方式登載文章，這一來，稿子上版面的機會便難上加難。不過，換個方式也許會時來運轉。比如說，閒來無事，逛逛書店，那就有機會認識編輯。

很多編輯也是愛書人。一旦認識之後，不妨多聊聊天，或許寫稿的機會就出現。但這有先決條件，你已經有所準備，如會寫散文、小說或是評論。畢竟一開始亮相，總要持續下去。否則有一天，編輯再度邀稿，你無法勝任，一兩次還無所謂，第三次極可能喪失好機會。

所謂的「書店」，並非大型連鎖書店，因爲身處這種空間，你隨便找人聊天，對方可能以爲你是「搭訕達人」。我的意思是小型書店，如舊香居書店、明目書店、青康藏書房。在這種空間中，老闆有人情味，一進去有桌椅，有時候還提供茶水，這時就有機會認識朋友，而這位朋友可能是編輯。

以我爲例，有機會寫稿，就是在書店認識一位編輯。記得當時，最常逛的書店，是重慶南路的桂林書局跟台電大樓對面的森大圖書公司，因爲這兩家書店進口很多英文書，尤其理論書籍。既然喜歡買書看書，於是就成立讀書會。其中一位年輕人也來參加我們的聚會，他叫蔡其達，任職於《中國論壇》，擔任執行主編。某日，他突然向我邀稿，當時只是喜歡到處逛街和買書，對於寫作向來避之唯恐不及。經過再三考慮，終於答應了。不過，我卻花了兩個月，才寫完這一篇文章。

這篇文章叫〈解讀消費社會的神話和構造〉，爲何會寫這一篇？因爲自己看了很多日文書，發現台灣很多現象都是跟著日本走，只不過晚了幾年而已。一九八〇年代末期，台灣地皮高漲，股票一度衝到萬點，許多人流行於玩起金錢遊戲。此篇文章內容就是分析消費的來龍去脈。

所謂「好的開始，就是成功的一半」，雖然是陳腔濫調，但用在初試啼聲的人卻是十分管用。因爲文章一登，總會有其它媒體的編輯會注意你。只要他們看上你的文章，那另一個寫稿的機會就來了。比如說，我那篇〈解讀消費社會的神話和構造〉登出之後，有一天，認識《自立早報》的編輯陳昭如小姐，她說看到那篇文章之後，立刻影印下來。可見反應還不錯。後來她就主動向我邀稿。幾年後，有一天接到她的電話，說她正在《中央日報》擔任主編，每天需要大量的稿子，希望我能夠助一臂之力。這一來寫稿的機會更多。

平時跟編輯維持良好的互動關係很重要。在網路大行其道的年代，文字媒體日漸萎縮，說不定有的編輯轉戰出版社，有一天說不定你會接到電話，要你寫書。一旦要寫書，事先最好嚴格要求自己。比如，好好規劃章節，版面設計好了之後，更要好好校對，因爲要是碰到懶散的編輯，他根本連看都不看，三校之後就會送印刷廠，屆時裝訂好了，極可能還會有錯字。也許你運氣很好，遇到眼光獨到的編輯，而你也信任他，這時候他的點子或改稿，即使是畫龍點睛，也會讓這本書叫好又叫座。

■（群學出版）

進入寫作的世界，持續性是必須的。幸運的話，一炮而紅，而且編輯也十分支持你，這時，一定要繼續完成第二本，甚至第三本。俗話說：「上帝只敲一次門。」機會一失，往往會遺憾終身。幾年前，跟有一家出版社總編輯聊天，她談起本來支持一位年輕作家，寫了一本之後，頗受讀者的青睞，但第二本卻寫不出來，害她經常接到讀者的抱怨電話。看來，這位年輕作家無疑是斷送自己的好機會。

不過，有些作者倒是很主動，親自到出版社登門拜訪，而剛好碰到頗具慧眼的總編輯，於是兩人一拍即合。如《半世紀舊書回味：從牯嶺街到光華商場》的作者李志銘和群學出版公司總編輯劉先生因合作出書而傳出一段佳話。事實上，這本書原本是碩士論文，因此要找到出版社出書，恐怕不太容易。一般而言，一本學術論文，總會讓人覺得枯燥無味，但劉總編認爲《半世紀舊書回味》的筆調固然有點華麗，但章節的安排與結構頗爲完整，因此他詳加閱讀之後，就認爲值得出版。

當時，劉總編拿給我看，起先以爲此書的內容是不忍卒讀的學術著作，因爲很多論文的內容十分枯燥。然而，仔細閱讀之後，覺得作者一定是年過花甲的愛書狂，而且極可能是負債累累，因爲搜集昂貴的珍本書和線裝書是需要一大筆經費的，而基於債台高築，必須寫書來還債。

等到後來見到作者李志銘，聊了幾句話之後，得知這位年輕人當時是在軍中服役，木訥寡言，謙沖爲懷。

不過，爲了多瞭解他，只好從《半世紀舊書回味：從牯嶺街到光華商場》這本書著手。此書內容面面俱到，談起舊書的流通和變化歷程，如數家珍，而且娓娓道來，就好像一位口若懸河的說書人，節奏流暢，引人入勝，打從翻開第一頁時，便很想一口氣就讀完。

作者最大的優點，就是善於援用小故事來貫串整部書。舊書店固然能滿足收藏家的癖好，但無形中也發揮啓蒙的功用。記得以前跟小說家陳映眞聊天，他談到曾經深受魯迅的影響，但只是一語帶過。如今讀了作者這本書，才知道這位名作家一開始先發現自己父親所留下的《吶喊》，才興起到舊書店買書的念頭，而日後閱讀範圍更延伸到社會主義的著作。

上了年紀的人都知道當年志文出版社所推出的「新潮文庫」發揮不小的影響力。尤其是尼采、羅素、叔本華、沙特等人的作品，頗能滿足求知的欲望，雖然那些書的譯筆有很多問題。許多讀者都搞不清楚這家出版社老闆張清吉是何許人也？對此，作者告訴我們原來他在一九五〇年代是在東門市場開設「長榮書局」，經營舊書買賣兼出租武俠小說。而在張老闆口中，李敖還是買書的殺價高手。

顯然，這本書在上一輩的讀書人看來，倒可以回味當年收集書籍的點點滴滴，而年輕讀者也可以從歷史角度來體會台灣舊書店的移位和興衰，畢竟台灣讀者對於正統歷史的著作，可能會覺得厭煩有加，因此如果說書籍是屬於文化的一部分，則閱讀此書是有助於多了解台灣文化的變遷。

要了解台灣文化，日據時代的文化人、書店、出版物是不可忽略的。本書對於文化人西川滿著墨甚多，在作者看來，他雖然是帝國主義的一員，但對於台灣文化的傳播，倒是貢獻不少。他不但信奉媽祖，而且成立媽祖書房和日孝山書房，基於對書籍的愛好，本身還擁有很多藏書票。

到了台灣光復後，日本人留下很多書，其中有不少流到舊書店，影響所及，從小受日文教育的讀書人開始學中文，例如小說家鍾肇政還特地北上買書，最後《昭和漢文叢書》、《漢詩大全》都上了他的書架去。至於從大陸來台的戲劇學者姚一葦在舊書店發現琳琳琅琅的日文書，從此發奮讀日文。可見舊書店對於台灣文化的貢獻眞是不小。

作者講故事之餘，也不乏感性的敘述，比如說，在光華商場裡，「這些攤主坐守店面的心境是相當地孤寂、沉悶，不但每天必須從早到晚面對一波波人來人往卻又無言以對的陌生人潮。有時候甚至還要招呼每回交易必不忘殺價的精明客人。因此備受環境壓抑的光華攤商乃不得不透過『看電視』作爲娛樂解悶的『反壓抑』行徑。」

近幾年來，光華商場也兼賣大陸古書，如二〇〇二年無意中買到歐仁・蘇《巴黎的秘密》，由雲南人民出版社印製，這套小說分上下兩集，即使目前在大陸也不容易蒐購。至於在台灣絕版多年的《巴爾札克傳》，作者是奧地利作家褚威格，也是光華商場帶給我的收穫。

目前台灣已經進入大眾消費時代，愛書人鍾情於新書，也醉心於舊書，以滿足懷舊心理，因此二手書店更相繼亮相，尤其師範大學附近的舊香居書店，不但供應二手書，而且還擺了不少一九二〇、三〇年代上海出版的珍本書，例如魯迅、老舍、巴金等人的作品。值得一提的是，過去水牛文庫所推出的徐鍾珮《多少英倫舊事》，至今仍是大學新聞系學生必讀之書。該店還有好幾本，而且索價不貴。

愛書人的特色就是大家會互通訊息，如果看到好書或是有新開的書店。不過這種情報往往受限於點點滴滴的口頭傳播。並非全面性的。也因此閱讀李志銘《半世紀舊書回味：從牯嶺街到光華商場》，不但能夠彌補這種不足，甚至還可以深入了解台灣文化的變遷。

04

作家的保姆

見城徹與幻冬舍傳奇

日本的企業一向由大集團領軍，中小企業要冒出頭實在是難上加難，其實，出版業也是如此。然而，一家小小的幻冬舍竟然能夠在短短幾年締造出版奇蹟，的確令人嘖嘖稱奇！這可以從見城徹《編輯這種病》的內容得到明證。日本的出版大餅向來都是由大出版集團掌握，尤其是小說和漫畫。作家大多將書稿交給大出版公司，如講談社、小學館、集英社、新潮社、文藝春秋、岩波書店。大家所熟悉的兩位天王級暢銷作家松本清張和司馬遼太郎，其書稿主要是由文藝春秋出版，而短篇小說之王星新一的作品則由新潮社出版。至於讀者所喜愛的口袋書，則由中公新書、岩波新書、講談社現代新書三個系列最具知名度。

日本的大出版公司往往會推出文學雜誌，如《新潮》、《群像》、《文學界》等。總編輯要是認爲某一位作家值得栽培的話，每一期總會連載他的小說。等到刊載完畢時，就會推出單行本，這一來，作家可以領到兩次的稿費。其實，這種合作的方式早在二戰之前就行之有年。名作家谷崎潤一郎移居大阪之後，手頭不是很寬裕，一到年底總會搭車到東京去會見總編輯，目的就是跟他借錢，以便度過年關。顯然，編輯跟作家的關係日漸緊密，這一來，出版社要拿到作家的書稿當然是很容易的。也因此，幻冬舍要跟大出版公司一較長短，實在要花費一番苦心。

然而，到了一九九〇年，日本泡沫化經濟浮現之後，民眾開始縮衣節食，這一來口袋書便受到讀者的喜愛。也因爲出版界重新洗牌，見城徹所創立的幻冬舍，除了推出精裝書之外，同時進軍口袋書的領域。

幻冬舍一開始只推出六本書，到了第三年，爲了進軍文庫本市場便砸下十三億日幣，一口氣推出六十二本書。過去，光文社也是大手筆，投了六億日幣推出三十一本書，不久就站穩了市場。我曾經是光文社文庫本的愛好者，也買過他們出版的暢銷書，分別是栗本愼一郎《穿褲子的猴子》、上野千鶴子《性感女孩》。顯然，幻冬舍的氣魄簡直是空前絕後。

幻冬舍站穩腳步後，便有六本書躍居百萬本暢銷之列。而其中一本就是鄉廣美《Daddy》。出書前，見城徹認爲，「鄉廣美和二谷友里惠這對夫妻很有親和力，是日本國民公認的幸福伴侶。他們的結婚典禮創下史上最高收視紀錄，至今還無人能敵。這對夫妻現在竟然鬧離婚，而且先前完全沒有任何徵兆，媒體也完全沒發現任何蛛絲馬跡。依我之見，倘若單行本這種非高科技、資訊更新較慢的媒體，可以搶在以時效性爲賣點的電視和報紙之前，提供獨家內幕，那銷售量絕對不只有十幾二十萬本。」

其實，他與鄉廣美私交匪淺，一九九三年得知這位偶像有意與太太二谷友里惠離婚，靈機一動，便要求他撰寫這本自傳，內容也順便帶上離婚告白。經過半年，鄉廣美交了書稿後，見城徹立即決定要是首刷起印五十萬本，應該是大有可爲的，但社裡的六位編輯卻嚇得屁滾尿流，連續好幾天都無法成眠，因爲這五十萬本書一旦滯銷的話，公司必定倒閉，而他們極可能成爲居無定所的街友。

他事前秘密作業，只有少數相關人員知道，而且上市當天在《朝日新聞》刊登頭版廣告。換言之，這本名爲《Daddy》的書就是扮演「媒體」的角色，披露獨家新聞，宣告鄉廣美離婚。

可以想像這本書在一九九八年四月印好之後，十多部卡車浩浩蕩蕩從一家大型裝訂廠出發，目的地就是幻冬舍的倉庫。路人看到這種壯觀的景象，大概不知道車上載著這本可能成爲百萬暢銷書的《Daddy》，作者就是當時人氣偶像鄉廣美。顯然，見城徹料事如神，此書一上市，一個禮拜便再版，而事後看來，這些編輯的恐慌則是多餘的。

回顧過去，這些編輯都是任職於角川出版公司，當時主管就是見城徹。但五年前老闆角川春樹因吸食古柯鹼而遭到逮捕，因此身兼董事的見城徹在投下一票要角川辭去董事長之後，接著遞出辭呈。有趣的是，這六位編輯也跟著離職，並和這位老長官一起創立「幻冬舍」。這家出版社剛成立時，很多人都不看好，因爲名作家還是鍾情於大出版公司，同時流通體系也瞧不起小出版社，但見城徹卻打出一片新天地，以致於創造了所謂「幻冬舍傳奇」。

見城徹是屬於一九六〇年代的「安保世代」，心中充滿革命的狂氣，時時想要突破現狀，但到了八〇年代，日本邁入大眾消費社會，街頭抗爭早已退潮。他深知自身無法革命，也了解自己無法創作，但總可以爲那些有才華的作家做點事情。於是創立「幻冬舍」。在漫長的編輯經驗中，他認爲「會暢銷的內容（無論是書籍、電視節目或任何傳媒）

都具備四個要素，只要能成就這些條件，必定會大受歡迎。」在他看來，這些條件就是原創性、淺顯易懂、與眾不同、感染力強。

出版人見城徹爲何有如此能耐？原來他本身頗有洞察力，而且執行力又強，一開始在廣濟堂擔任編輯時就推出好幾本暢銷書。但這家出版社畢竟是小廟，容不了大神，於是在友人高瀨幸途和高橋三千綱的引介，進入角川書店擔任主編，先後編過《野性時代》、《角川月刊》。首先，他將森村誠一在《野性時代》上的連載小說《人性的証明》集結成冊。此書被拍成電影之後，總計銷售四百萬冊。

在角川負責編務期間，認識很多藝文界人士，加上爲人有情有義，以致於他一開口，稿子便出現在眼前。例如，名作家中上健次剛出頭時，到處借貸，有一天開口向他借三十萬日幣，雖然自己只剩下五十萬的存款，二話不說就借給他。

當然，見城徹在角川表現非凡，推出很多暢銷書，因此交際費的報銷是由他自己決定。只要他發現對方有才華，值得鼓勵，他便義無反顧，勇往直前。過去，年輕歌星尾崎豐不但會唱歌，更會創作。即使在吸毒被捕，後來出獄，見城認爲他還可以造就，便偷偷爲他成立經紀公司，爲他出唱片，同時在雜誌刊載他的小說創作。尾崎豐後來對任何人都保持懷疑，只相信見城徹，雖然他十分任性，但見城徹還是十分照顧他，其角色就像一位母親對兒子的體貼照顧。

他認爲作家未成名前，生活比較困頓，因此一跟他們見面，總會帶他們去大吃一頓。他也可以花上好幾十天，陪作家在某個地方。例如，他曾經跟村上龍在一家大飯店，陪他聊天、打網球。顯然，他跟作家的關係就是這樣建立起來的。

一九九四年三月二十五日，幻冬舍推出六本作品，分別是五木寬之的《鵖梟漫步》、村上龍的《五分鐘後的世界》、篠山紀信的《少女革命》、山田詠美的《120% COOOL》、吉本芭娜娜的《瑪莉亞的永夜/呇里島夢日記》和北方謙三的《約定》共六本書同時上市。此後，幻冬舍正式開始運作。顯然，這位老闆對於未來的運作，早已成竹在胸。從這六位名家的新書來看，幻冬舍能夠打響第一炮，人脈還是比資金重要，畢竟這家新出版社只有一千萬日幣的資金。換言之，見城徹平時跟作家相處向來以誠相待，一旦創業，這些名作家當然二話不說，會拿出書稿來相挺。這就像他的老東家角川春樹也是很會照顧人，因此出獄後，再度跨入出版界，成立角川春樹事務所，過去那些老作家又再度出面支持。

見城徹頗能掌握出書的時機。在書中，他提到，偶像明星唐澤壽明跟山口智子合寫一本書，名爲《兩個人》，一開始打算要出版，但他研判情勢覺得不適合，因此延到他們兩人結婚時才推出上市。雖然拖了一年多，但多賣好幾十萬本。

見城徹固然是創造暢銷書的高手，但他經營出版社的目的並非只是賺錢而已。事實上，他自己有一套與眾不同的人生哲學。他指出，「創作是孤獨的。耶穌用羊來比喻人，在上百匹羊當中，總會有一隻多餘的、異常的、在群體中落單的羊。我認爲反映那一隻羊的內在世界就是創作。創作是爲了這個目的而存在。因此要維持共同體，需要倫理、法律、政治等等要件，但創作則是爲了那隻苦悶的、在共同體中格格不入的羊而存在。」顯然，在他看來，身爲作家往往是與社會格格不入的「邊緣人」，他們滿腔的熱血需要靠創作來發洩。但發洩也要有個地方，因此如果醫生能夠治好病人的疾病，那身爲編輯應該是可以經由出版去治好作家的「創作病」。

目前，見城徹是一位功成名就的出版人，但在《編輯這種病》中，他並沒有爲自己歌功頌德，反而坦誠地分析自己的心理狀態，同時以謙虛的態度面對讀者。就內容而言，本書並非將焦點擺在出版，而是進一步探討創作、編輯、人生的冒險等問題。因此，它是值得出版人、編輯、作家、以及一般讀者詳加閱讀的一本書。

05 作家眼中的大獎
布克獎與諾貝爾獎

一九八五年十月中旬，法國小說家克勞德·西蒙（Claude Simon）榮獲諾貝爾文學獎。當時，心想諾貝爾文學獎的評審們終於能接受爭議不斷的法國新小說。其實，「新小說」的成員還包括霍伯—格利耶（Alain Robbe-Grillet）和納塔莉·薩侯蒂（Nathalie Sarraute），自一九六〇年代崛起以來，一直得到負面的評價。幸好，法國兩位頗具分量的文評家莫利斯·布朗修（Maurice Blanchot）和羅蘭·巴特（Roland Barthes）分別撰文肯定他們的作品。看來，只要前衛而具有實驗性質的作品一出現，要找到具有慧眼的評論家實在不容易！

值得一提的是，西蒙獲獎前，名震國際的文評家喬治·史坦納

（George Steiner）在一九八四年十月初於《紐約時報書評》頭版撰寫一篇名爲〈諾貝爾文學獎的醜聞〉的長文，大力抨擊瑞典學院。史坦納火力之大，使瑞典學院經歷一場規模不小的「地震」。一九五八年，史坦納以《語言和沉默》崛起於西方文壇，本身學識淵博，不但精通英德法三國語言，同時任教劍橋大學和瑞士日內瓦大學，平時更經常在國際大媒體撰寫書評。自一九六〇年代以來，他不時撰文推介一些傑出作家，如杜芮爾（Laurence Durrell）、波赫士（Borges）、納博可夫（Nabokov）、布洛赫（Broch）和義大利小說家夏俠（Leonard Sciascia）。在文中，他特別強調好作家一直無法獲獎，如哈代、喬伊斯、卡夫卡、勞倫斯、普魯斯特與馬侯，此外，當代作家像西蒙、墨西哥詩人帕斯（Paz）、南非小說家葛蒂瑪也經常落榜。在女作家中，瑞典學院一開始竟選上賽珍珠，而捨棄維吉尼亞・吳爾芙（Virginia Woolf）！有趣的是，日後，西蒙、帕斯、葛蒂瑪相繼獲得諾貝爾文學獎，箇中原因眞是耐人尋味。

其實，以英國人而言，他們對於諾貝爾文學獎並不很熱衷，雖然得獎後名利雙收，但以大英國協成員國的小說家爲對象的布克獎（Booker Prize）也是深受國際矚目，而且有賭博業介入。自從一九六九年，布克獎成立以來，倒是提拔不少作家。例如，一九八九年，以《魔鬼詩篇》而聞名全球的小說家魯西迪，當時伊朗回教領袖柯梅尼認爲該書蓄意污辱先知穆罕默德，乃下達追殺令。此後，這本書大賣特賣，魯西迪當然賺了不少版稅，但也隱居了好幾年才公開亮相。其實，魯西迪早年在倫敦的一家廣告公司撰寫文案，收入不高，但他於一九八一年以《午夜兒童》獲得布克獎，不但出了名，而且得到一筆可觀的獎金和版稅。

坦白說，英語世界的作家揮灑的空間很大。究其原因，一來，英語世界所屬的國家爲數眾多；二來，全世界懂英文的讀者也不少；三則，可以翻譯成各國語言。此外，要是內容能夠出奇制勝，得到好萊塢片商的青睞，更可以改編成電影。例如，一九八九年日裔小說家石黑一雄（Kazuo Ishiguro）以《長日將盡》（The Remains of the Day）得到布克獎，後來又搬上銀幕，由安東尼・霍普金斯和愛瑪・湯普遜領銜主演，票房還算不錯。石黑一雄的母校出身於英國東安格利亞大學創作研究所，所長是去世不久的評論家兼小說家布萊德伯里（Malcolm Bradbury）。美國小說家崔西・雪佛蘭（Tracy Chevalier）也畢業於這家研究所，她的《戴珍珠耳環的少女》（Girl With a Pearl Earring）在國際上聲名大噪，不但得獎，而且改編成電影。她才氣縱橫，憑著荷蘭畫家維梅爾（Vermeer）的一幅畫就寫成這部小說，內容不但呈現畫家和暗箱（Camera Obscura）的關係，同時對於女性的自覺也著墨甚多，而中譯本也上市。顯然，對於大英國協的各成員國的小說家而言，布克獎可以比美諾貝爾文學獎，何況角逐的作品並沒有像後者那樣多。有些東南亞國家過去是英國的殖民地，但它們的老百姓從小就學英文，長大後當然用英文創作。

這些小說家的作品一點也不亞於英國本土的作家，從歷來的布克獎得主即可得到明證。例如，一九九二年，錫蘭裔的加拿大作家麥可・翁達傑（Michael Ondaatje）以《英倫情人》（The English Patient）榮獲布克獎，後來好萊塢的電影公司也搬上銀幕，由茱莉葉・畢諾許主演。此書和電影有所出入，但內容不但批判帝國主義和戰爭，同時敘述女主角和三個男人的感情，從而探討身分認同（identity）的本質，讀來令人耳目一新。又如印度女導演阿蘭達蒂・洛伊（Arundhhati Roy）於一九九七年以《微物之神》獲得布克獎後，立即引起世界文壇的注意。本書迄今已被譯成二十一種文字，並在二十四個國家相繼出版。本書探討的主題是愛情，尤其是女人面對愛之後的種種遭遇。小說家洛伊透過男女之間的愛情和婚姻，以凸顯印度整個國家仍然是階級分明，既保守又反動，雖然表面上是實行民主政治，人民可享有選舉權。在小說中，女人遭到男人的迫害和虐待，但她們一旦有了婚姻或身爲長輩，則變成男性社會的「共犯」，默默地支持這個曾經戕害她們的制度。在整本小說中，小說家似乎有意透過私生女瑞海兒的魔幻想像力，呈現男主角維魯沙和女主角阿慕的戀情是神聖而超越階級的，同時也批判兩位女人瑪瑪奇和克加瑪，因爲她們已經麻木不仁，如同行屍走肉。她們曾經受到體制的迫害，但爲了維持體面和階級，竟轉而變成迫害者的角色，間接害死了維魯沙和阿慕。

看來，小說家洛伊所呈現的印度，眞是慘不忍睹，因爲女人的未來好像只有兩條路：一條是跟社會和體制妥協，另一條則是「死亡」！顯然，布克獎提供不少精彩的作品，讓讀者可以一飽眼福。除了以上提到的小說外，還有一些重量級的布克獎得主並未得到諾貝爾文學獎。例如，艾莉絲・墨多克（Iris Murdoch）、阿特伍（Margaret Atwood）、馬汀・艾米斯（Martin Amis）、拜亞特（A S Byatt）、麥克悠恩（Ian MacEwan）、潘妮洛普・費滋傑羅（Penelope Fitzgerald）等小說家。値得一提的是，有兩個小說家，分別是彼得・凱利（Peter Carey）和寇柯慈（John Coetzee）兩度獲獎。其實，獲得布克獎的小說倒可以跟諾貝爾獎的作品一較高低。幸好，這幾年台灣的出版界已經十分重視布克獎的作品，而且相繼推出中譯本，這是可喜可賀的現象，同時也可以讓不懂英文的讀者享受閱讀的樂趣，至少大可不必要求大家都去唸英文原版的小說。不管是諾貝爾文學獎或是布克獎，都是立意甚佳，一來，鼓勵新人創作；二來，也可因獎金而改善作家的收入。然而，我們不應該深陷文學獎的迷思，畢竟任何獎都無法呈現絕對的價值，何況有些好作品也沒有獲得布克獎，例如英國小說家約翰・傅敖斯（John Fowles）《法國中尉的女人》（The French Lieutenant's Woman）以及多麗斯・萊辛（Doris Lessing）《金色筆記》（The Golden Notebook）。因此鍾情於文學獎之餘，也應該重視一些遺珠之作。

註：本文先前在報章雜誌發表，後來萊辛榮獲諾貝爾文學獎，而阿特伍則獲得布克獎。

06 老而彌堅的女作家 多麗斯・萊辛

等候多年的英國小說家多麗斯・萊辛終於在二〇〇七年榮獲諾貝爾文學獎。有趣的是，當瑞典諾貝爾委員會宣布她得獎時，她剛好從超市買菜回來，一看到門口有一大批媒體記者等著採訪，她馬上坐在家門口的階梯接受訪問。由此可見，她是一位率性而不拘小節的作家。

萊辛善於刻劃邊緣人的角色，天培出版公司曾推出《第五個孩子》與《浮世畸零人》的中譯本，使我們更進一步了解萊辛的創作。其實，這兩本小說是以主角班的一生故事作爲主線，所以《浮世畸零人》是《第五個孩子》的續集。在作品中，萊辛傳達一個重要訊息：一個人的言行舉止要是異於常人，往往會被家庭和社會排除。雖然，主角班作爲「異類」就是遭受這種命運。萊辛作品提醒世人，有些異類其實也有一般常人的感情，同時更有善良的一面。

一九五〇年，多麗斯・萊辛推出《青草低吟》後，佳評如潮。回顧過去，她不但特立獨行，同時創作力十分旺盛。她出生於一九一九年，目前仍繼續創作。她出生於波斯（當今的伊朗），後來隨父母移居非洲羅德西亞，三十歲才定居於倫敦。萊辛早年唾棄正規教育，改以自修方式遍讀西洋文學作品。

她在年輕時曾經在一家公司擔任秘書工作，中午要到超市買菜，晚上回家又要帶小孩，因此只能夠利用上班的時間，偷偷寫短篇小說。後來，她進入法律事務所上班，到了二十六歲時，有一天向老闆說：「我要離職了，準備去寫小說！」於是萊辛展開她的寫作生涯。不過，萊辛毅力異於常人，因爲她決心進入專業寫作的領域，雖然她像一般上班族，每個月會有固定的薪水。不過，身爲作家還是要兼顧到人間煙火，正如同她在《自傳》中指出，她每天總是在等候出版社寄來的支票。

■《萊辛評論集》

■萊辛名作《金色筆記》

一九六二年，她推出《金色筆記》後，立即奠定她在西方文壇的地位。時報出版公司也推出此書的中譯本。這本大作敘述手法有別於現代主義所強調的意識流，全書不分章節，由一個故事，五本筆記構成。該故事題爲《自由女性》，女主角爲安娜。故事似乎是相互連貫的，但萊辛將它分爲五部分，每部分之間，依次插入黑、紅、黃、藍四種筆記。雖然此書是安娜的成長紀錄，但內容也涉及殖民主義、種族主義、共產主義與男女間的愛情。顯然，這本小說內容豐富，兼具感性與知性。

以此書而言，萊辛慧眼獨具，對於時代的變化往往能夠洞燭先機，因爲她率先以小說的形式，探討兩性、殖民、女性解放、種族等問題，並透過主角表達對於馬克思主義的幻滅。顯然，這些問題要到七〇年代才蔚爲論述的主流，而她早在六〇年代初期就觸及到未來的脈動。難怪秘魯小說家尤薩對於《金色筆記》一直稱讚有加。

此外，萊辛在《第五個孩子》將班置放在一個渴望幸福、快樂、安定的英國中產階級家庭中。在書中，大衛和海蕊一結婚後，渴望多子多福，生了四個孩子後，充滿和樂融融。但太太海蕊懷了第五個孩子班時，身體出現異狀。等到班出生後，即具有蠻力，隨時要攻擊其他孩子，加上他的反應又異於常人。此時，整個家庭便面臨重大的轉變，而其他家人更處於恐慌的狀態中。後來，父親大衛便將班送往蘇格蘭的療養院，讓院內收容。但班卻受到監禁，並受到不人道的對待。

在班離家後，全家立即恢復以前的和諧氣氛中。這使人想起卡夫卡的《蛻變》，主角薩姆沙變成一條蟲後，全家十分驚恐。一旦薩姆沙被掃地出門後，全家乃趨於平靜。一般說來，家庭讓人聯想到愛、溫暖、相互扶持，但萊辛則打破中產級家庭的神話。尤其是班的處境，即可作爲明證，因爲大衛與其他四個孩子對班可謂既冷酷又無情。萊辛並非是極度的悲觀主義者，在書中，母親海蕊對班仍有一份母愛。因此海蕊獨自到療養院，將班再度帶回家中，並讓他就學。以班的心智和語言能力是處於幼稚階段，很難與人溝通，但班開始有些朋友願意與他在一起。這些朋友則是一般人眼中的不良少年和無業遊民。例如失業青年約翰經常帶班到外面玩，後來班更經常與街頭混混在一起。

諷刺的是，這些人十分看重班，而家人除了母親外，早已將他排除在外。此外，班的誕生，以至於從療養院回來後，大衛與海蕊的關係逐漸貌合神離，夫妻之間形同陌路。在續集《浮世畸零人》，萊辛敘述班離家出走後，過著流浪生活的故事。班四處飄泊，時時受人欺負、騙錢和利用。如毒販詹士頓暗中利用班，在他皮箱內藏了毒品，走私到法國尼斯，以賺取鉅款，而美國人亞丁，因班奇形怪狀而帶他到巴西拍電影。這些人只有將班當成工具，以遂行私利。

不過，萊辛強調人間仍有愛的存在。例如老婦人愛蓮、麗姐、妓女德蕾莎都十分善待班。她們並沒有將班當成異類，而是將他視同一般

■萊辛《再度戀愛》的簡體版改名為《又來了，愛情》

人。換言之，她們彷彿與班有某種神秘溝通。其實，班雖然語言能力有障礙，但他的感覺十分敏銳，而他也意識到自己有蠻力，一旦與人衝突時，自己會克制，以免傷害對方。而在流浪的生涯中，他也知道沒有錢，生活就成問題。

最後，班在巴西還被「研究中心」的史蒂芬抓走，以便探討班這個異類。不過，十分關心他的德蕾莎卻把他救出來。在結尾，萊辛以超現實的筆法，讓班掉落於山谷中，並在空氣中消失，而且暗示班已經回到他的「異類族」的懷抱中。萊辛探索邊緣人，不遺餘力。一九九五年，她推出晚年力作《再度戀愛》，刻劃老女人的情慾，可謂栩栩如生。以資本主義價值而言，老人的身體日漸衰弱，無法爲生產體制賣命，年紀一到，必然要退休。

老人也就成爲社會的邊緣人，如此一來，文學作品也就受到影響，極少呈現老人的處境。如今萊辛完成《再度戀愛》，不免令人興奮，因爲小說本來就是要探討生命種種可能性。這本小說的女主角莎拉一出現，已經邁入六十五歲。她丈夫英年早逝，所以必須靠寫作維生和扶養小孩。後來她又與三位好友合組「綠島劇團」，一度在法國的馬提尼克節慶中推出戲碼《儒勤．維努》。莎拉任編劇，亨利和比爾分別出任導演和演員。有趣的是，在集體合作過程中，莎拉同時愛上亨利（三十五歲）和比爾（二十八歲）。莎拉多年來致力於劇場與照顧姪女，因此無意再婚，也無心談戀愛。

但萊辛刻意安排莎拉在排戲期間愛上亨利和比爾，以便將這位老女人的回憶和性幻想一一呈現出來。莎拉已然老邁，面對這種老少戀，心中不免有所衝突。萊辛時而運用第三人稱觀點，時而以內心獨白，讓她的內心矛盾一一浮現。面對年輕的比爾，莎拉想起《威尼斯之死》中老人艾森巴哈鍾情於美少男達丘的情景，立即恍恍惚惚。她想起丈夫早死，以至於這種回憶頂多像相框中的照片，或小說中的場景。祭典一結束，戲也演完了。每個人各自離去，而這段三角戀情也煙消雲散。對兩位男主角是成長的開始，但對身爲老女人的莎拉則是一種嶄新的體驗。綜觀萊辛的創作生涯，並非向主流價值靠攏，而是呈現另類的價值觀，從而探討邊緣人的生命。或許這就是創作的本質。

07
利考克與艾西莫夫
經濟學家和理工博士也是暢銷作家

說故事的欲望是與生俱來的，因此未必主修文學的人才有這種能力。在北美就誕生了兩位出色的作家——利考克和艾西莫夫。他們並不是出身於文學系，卻能夠寫出幽默風趣的作品，以致吸引很多讀者。利考克主修政治學，博士論文撰研究維布倫《有閑階級論》，畢業後在加拿大教授政治經濟學，但竟然以幽默小說聞名遐邇，至於艾西莫夫則是哥倫比亞化學博士，後來卻以科幻小說深獲讀者的青睞。

艾西莫夫於一九二〇年出生於俄羅斯，三歲便隨著父親移民到美國。他從小喜歡看書，但礙於經濟條件，只好經常到圖書館看書。幾年來讀了很多神話故事，甚至看完莎士比亞的整套劇本。其實他早年就立志寫作，十七歲那年便開始在科幻雜誌投稿，不過二十歲開始，由雙日出版公司推出《基地三部曲》，便成為職業作家，也因此跟雙日公司有密切的合作關係。

不過，上帝總是喜歡捉弄人，這三部名作的版稅卻無法讓他應付日常生活的開銷。幸好他的閱讀領域十分廣泛，所以也撰寫非小說和評論文章。顯然，這位多才多藝的作家的確是左右逢源。過去，台灣曾推出七冊的《最新科學入門》，就是出自他的生花妙筆，至於一大冊的《莎士比亞指南》也是他的名作。

他有特別的寫作竅門，只要他的小說寫不下去，便會轉到評論文章或科普領域，當然這要歸因於他的博學多聞。此外，寫作是他的生命重心，一天十二小時都在寫作，即使吃飯、睡覺、刷牙、洗澡，腦子裡都是在構思寫作。這一來，艾西莫夫的寫作速度十分驚人，根據他的說法，四十年的寫作生涯中，前二十年十天就可以完成一本書，至於後二十年則是每六天就可以完成一本。因此他一生的作品多達四百本，其產量眞是驚人。

身爲一位暢銷作家，艾西莫夫處事很圓融，尤其是跟編輯和出版社建立良好的關係。他聲名大噪之後，很多大出版公司便企圖以重金挖角，但雙日出版公司曾推出他的第一部作品——《天空中的小石子》，對此他十分感恩，所以他有八分之三的作品交由這家公司出版。也因爲長久的默契，一九八二年，雙日的高級主管貝蒂對他深具信心，邀他重新撰寫基地系列小說的續集，而且一出手便出了五萬美金的預付版稅。此後《基地邊緣》、《基地與地球》便有機會跟他的粉絲再度見面。起先，艾西莫夫並沒有信心，深怕出版社虧大錢，但一上市後，便登上《紐約時報》的暢銷排行榜。

其實，他也跟霍頓．米夫林出版社維持很好的關係，根據大陸學者卞毓麟指出，一九七九年二月，兩家出版商都爭著要爲他推出第兩百

■《艾西莫夫自傳》

本作品，但他為了滿足雙方便把兩部作品都算做第兩百本作品。這兩本書分別是《作品第200號》，由霍頓・米夫林出版；另一本叫《記憶猶新：艾西莫夫自傳》，由雙日出版。這一來，兩家出版社都心滿意足。

至於利考克是加拿大知名的幽默作家，二十世紀初期，便在西方文壇嶄露頭角。幽默大師林語堂曾經撰文推崇他的作品，徐志摩也翻譯過他的短篇故事。但長久以來，台灣讀者對於利考克卻很陌生。最近大陸書籍開放進口，使得他的作品再度引起重視。大陸名翻譯家蕭乾和高健都曾譯介這位幽默作家的作品。

他在小時候舉家從英國移民加拿大，但他的父親不顧家中妻小，有一天突然消失不見了。因此母親一手挑起維持家計的重擔，而他也必須中途輟學。在高中就讀期間，他就展露才華，某日他的英文老師叫他上台學他教書講課，他立即上台以流利而幽默的口吻，加上活靈活現的肢體語言，模仿這位老師的一舉一動，博得在場同學的哈哈大笑。他做過

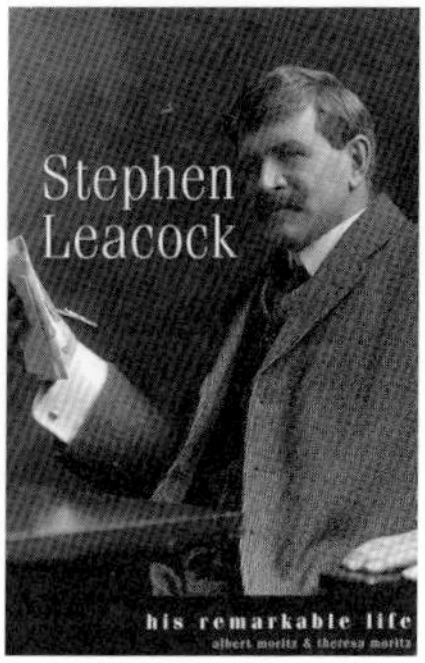

■《利考克評傳》

很多工作，以致十分熟悉社會的風土民情，這無疑爲他將來的創作奠定深厚的基礎。

他一面工作，一面投稿給美加兩國的報章雜誌，在受到好評之後，利考克便在文壇逐漸佔有一席之地。他筆下的小人物往往因昧於商場邏輯而處處受挫，但大陸譯者高健指出，他一開始推出處女作之後，每年都會有作品上市，而且選在耶誕節前夕，畢竟這個時段是消費旺季，大家荷包滿滿的，同時會把書當成禮物，難怪利考克的作品一推出來，便成爲暢銷書。

顯然他對於書市的了解，而時機的掌握，也恰到好處。例如在〈編雜誌〉這篇故事中，他透過筆下人物表明：「寫作這個行業可眞累人，你得有非常銳利的生意眼，隨時留意行情，不然的話就很容易撲空。」利考克揚名大西洋兩岸，受邀到英國巡迴演講，其實，他並非專業作家，而是執教於加拿大麥基爾大學政治經濟系。他筆下的小人物，雖然很卑微，但有的也具有深刻的洞察力，如在〈售書竅門〉中作者化身爲敘述者，一進門，書店老闆便知道他會購買學術著作，所以並沒有向他推銷一些暢銷書。等到兩位穿著時髦的女士進門，就鼓其如簧之舌，大力推銷一番，如言情小說《金色大夢》，有趣的是，他還瞎掰自己的太太看了之後，還痛哭一場。在這故事結尾時，老闆就走過來，並指出另一個角落擺了一些哲學著作，可以好好看看，而敘述者也好奇地詢問，他太太是不是眞的因爲看了這本小說而大受感動？對方馬上回答：「沒辦法，這是出版社要我推銷，只好儘快銷出去，至於我目前還是單身，根本沒有太太。」利考克的作品在接近結尾，經常會給與讀者出其不意的驚訝，顯然，這種創作技巧很像美國名短篇小說家歐・亨利。

平時利考克，就是十分推崇這位美國作家。除此之外，他的幽默風格也受到馬克吐溫和英國作家狄更斯的影響，爲此表達對這兩位作家的

■大陸將利考克譯為「里科克」，也出了一本作品集。

敬意，他分別撰寫《狄更斯評傳》與馬克吐溫專論。他寫了很多短篇故事和幽默小品，但他也寫了一些政治經濟的著作。在〈大西洋彼岸的友誼〉一文中，他以誇張的筆法，諷刺二十世紀美國暴發戶的作風，想用金錢購買歐洲文化，如大舉購買名畫，即使歐洲的一磚一瓦，一城一牆也不放過。他透過倫敦《旁觀者》雜誌的報導，告知大家滑鐵盧戰場的遺跡已遷往他處，而成爲觀光聖地，其實，他是暗指美國，接著，他更有趣的建議，是美國政府和有錢人最好也將巴黎聖母院、英國約克大教堂、伊斯坦堡聖索非亞大教堂一起搬到美國。如此一來，美國人就不用到歐洲去，而一年平均可以省下很多觀光費用。

當然，利考克的用意在於：美國一旦跟歐洲比起歷史文化，不免感到自卑，因此以錢來擁有文化實在是貽笑大方，畢竟文化是點點滴滴的累積，絕對無法走捷徑。在〈我的幽默觀〉一文中，他詮釋幽默的本質，有助於釐清許多人的誤解。幽默並非喜劇演員的逗笑，也非雜耍表演的滑稽表演。幽默並不是依賴文字遊戲或耍嘴皮，而是根植於是生活本身所提供的深刻對照，我們的希望與實際成就之間的奇特對照。因此幽默是結合淚水和笑聲所形成的傳統。

值得一提的是，幽默並非馬上可以表現出來的，固然幽默的氣氛是輕鬆愉快的，因此大家會誤認爲幽默的創作過程是輕而易舉的，其實，要在作品中將幽默表達出來，難度是很高的，因此馬克・吐溫《頑童流浪記》是比哲學家康德的純粹理性批判來得偉大。利考克深知創作的奧秘，他調侃一些食古不化的作家，在〈訪問典型的小說家〉這篇故事中，敘述者親自去作家的家裏做訪問，這位小說家準備寫一本《蒸汽洗衣廠裏一個女工生活中的片斷》，日後打算到洗衣廠去工作兩年，接著還要撰寫一部有關監獄的作品，爲了寫得活靈活現，也計劃到牢裡坐上兩三年。經由這兩人的對話，一來一往，利考克傳達出創作的信息，畢竟寫作時是需要想像力的，如果一本虛構小說的內容都要親身經歷，那男性作家便無法塑造女性角色，除非這個作家去做變形手術！

除了呈現創作的形形色色之外，他敘述小人物在面對瞬息萬變的商業世界，往往不知所從。他以幽默的筆調呈現小說中的大千世界，背後卻帶有淚水。例如，一心想成名的小說家遭到文學雜誌主編整得人仰馬翻。身爲主編不好好看稿子，一有稿子就交給旗下的編輯，等到編輯覺得不錯，而且能符合市場，便改變主意，叫他來見面。但因篇幅太長，主編還當場拿剪刀把稿子裁掉一大部分，最後結尾竟然由這位主編決定。看來利考克呈現了一位無名小卒在成名之前的尷尬。

細讀利考克的作品，固然讓讀者欣賞到幽默文學的精髓，同時，閱讀他的小說其實也可以了解工商世界的形形色色，如金融運作的虛與實、經營管理、以及創作的點線面。就這些特色而言，他的作品固然受到馬克・吐溫和歐・亨利影響，卻能跳脫前輩作家的框框，進而獨樹自己的風格。

08

猶太作家的力爭上游

海澤

■普魯斯特《追憶逝水年華》第一卷《史旺之路》

從十九世紀以來，歐洲的猶太作家開始綻放異彩。從世紀末的褚威格到二十世紀初期的卡夫卡和普魯斯特都有驚人的表現。不過，德國的猶太裔作家海澤（Paul Heyse）同樣有傲人的成績，雖然台灣讀者對他十分陌生。以他猶太背景來看，可以發現他是在歐洲人文主義傳統的薰陶下，呈現出一種越界的思考和書寫。在他筆下的作品，歐洲各國的老百姓都可以進入他小說的國度。他是德國人，卻擁有猶太血統，不過，他並沒有侷限在國家主義的狹隘思考裡，反而以寬容的思維，來刻劃筆下的角色。即使人物面對死亡，但作者卻以藝術作品來彌補一番。他相信，藝術是可以對抗死亡的。也因爲這種人文主義胸懷，一九一〇年海澤榮獲諾貝爾文學獎。

一九二〇年的諾貝爾文學獎授獎詞指出，一八三〇年，保羅・海澤生於柏林，他父親是語言學家卡爾・海澤，一位溫和而堅毅的學者。海澤也許繼承了他猶太母親茱麗莎琳熱烈活潑的性格。他在許多方面是大自然的寵兒，幸運地在一個無憂無慮的家庭中長大。他是柏林大學的學生。然後在波昂大學跟隨費里・迪茲學習拉丁語言學。一八五二年，他在柏林大學榮獲博士學位後，獲得一份獎學金，使他能夠到義大利一遊，並研究義大利藝術和文學。幸運的是，海澤認識了詩人蓋伯爾，後來還成為他的贊助人。蓋伯爾甚至向馬克西米廉二世推薦海澤，使他在慕尼黑大學獲得掛名的教授職。

他一生寫了不少作品，除了三十六卷的《戲劇集》之外，還有許多精彩的中短篇小說。海澤的說故事方法的確高人一等，在〈倔強女孩〉以「告解」來推動情節的發展；〈紅鬍子〉則以藥局老闆來講故事。至於〈台伯河畔〉則使用懸疑手法來呈現友情和愛情的衝突，同時展現藝術與現實的衝突，而最後藝術戰勝死亡。在這篇故事中，藝術家比安基雖然經常受冷落，甚至其作品遭到主教的侮辱，但最後女主角往生的弟弟愛德華的雕像卻在比安基手中完成，象徵藝術是可以化爲永恒。同時藝術也有治療的效果，以彌補過去的不幸。海澤也頗具歷史意識，他的作品可以出今入古。即使描述親情的故事，也可置放在十七世紀的瑞士，如〈回頭浪子〉；又如〈安德雷亞·德爾棻——威尼斯故事〉這篇愛情故事也巧妙地融入十八世紀的威尼斯，讀起來很像推理小說。

在〈倔強女孩〉中，女主角勞蕾拉從懂事以來，就經常看到母親被父親拳打腳踢。在家庭暴力的陰影之下，內心的創傷短時間難以消除。這一來，她無法相信男人，甚至想獨身一輩子，以免被男人痛打。顯然，母親的痛苦長期附在她身上。她本性善良，內心深處當然也渴望一份眞摯的愛情，但心理創傷太嚴重了，所以她隨時對追求她的男孩子冷言冷語。尤其是對於男主角安東尼諾。有一次兩人在船上，從一開始這位年輕人向她示愛，但她跟他針鋒相對，後來甚至咬傷他的手指，以至於流血。但經過這個流血的小插曲，勞蕾拉開始後悔，以至於拿藥治療他。在對談中，安東尼諾不但沒有怪她，反而原諒她。此時，勞蕾拉深受感動，於是答應他的求愛。雖然勞蕾拉的態度大轉變，也證明愛是可以治療過去的創傷，而眞正的關鍵就是安東尼諾對她的一往情深。唯有把過去毀掉，女主角才能坦然面對未來的人生——愛情和婚姻。

在〈紅鬍子〉這篇故事中，敘述者是一位藥局老闆，平時店裡會聚集很多客人，因此由他來講故事十分合適。故事內容是講述一段三角戀情，但由於紅鬍子嫉妒女主角愛上退休船長古斯塔夫，因此萌生殺機，最後把女主角艾米妮亞置於死地。紅鬍子一不做二不休，索性加入強盜集團。古斯塔夫面對愛人之死，悲傷不已，後來買了一間別墅，並且跟愛人的妹妹住一起，因爲他把對於艾米妮亞的愛轉移到她妹妹的身上。不過，這群強盜十分囂張，經常到處劫掠，古斯塔夫因膽小怕事，後來便移居他鄉。過了一段時間，他又回到傷心地，並決心加入對抗搶匪的憲兵隊。顯然這就是愛萌生的力量，讓古斯塔夫鼓起勇氣面對現實。最後，身爲搶匪的紅鬍子單獨面對古斯塔夫，並向他懺悔，此時，古斯塔夫並沒有用以牙還牙的方式來對待紅鬍子，反而原諒他的所作所爲。顯然，在海澤筆下的故事，即使是死亡，也可以寫得很美。因爲他向來提倡唯美主義，因爲藝術所創造出來的美，是可以對抗死亡，甚至將失去的人事物化爲永恒。

至於〈特萊庇少女〉敘述費尼婕和菲利浦在七年前的一段情。當時，他向她求愛被拒，後來她很後悔，足足想念了他七年的時光。首先，作者仍然以他慣用的懸疑手法，讓讀者一開始以爲這兩個人是互不認識，但經過一段對話之後，這一段故事纏綿悱惻的愛情終於亮相。作者對於愛情的刻畫可謂入木三分，他筆下的戀人內心往往藏有一座小火山，一旦爆發出來就非同小可，即使捨生取義，赴湯蹈火也在所不辭。

但會如此做，當然是因爲錯過愛情，因此只要有機會，便會盡力彌補一番。

七年後，女主角跟他再度重逢，能夠勇於面對過去，並重新向男主角示愛，本身所表現的一言一行眞是令人欽佩不已。有趣的是，此時菲利浦反而退縮不前。等到他掉落山谷下身受重傷，她費盡千辛萬苦加以醫治，同時又在三個安全人員準備逮捕他的時候，費尼婕更是集合全村老百姓，傾全力保護菲利浦。最後，這三個人只好知難而退。菲利浦面對存亡的關鍵時刻，目睹費尼婕挺身相護，不免感動萬分。於是向她求愛，但她則不領情，因爲她認爲救他一命，已經是代表對於過去的補償，所以費尼婕要他隔天離開村子。不過，菲利浦失聲痛哭，一再請求她的原諒。因此兩人言歸和好。在結尾，兩人爲了安全起見只好離開村子，移居熱那亞。

〈安妮娜〉以喜劇的張力呈現愛情在金錢時代是可能被犧牲的。故事一開始，年輕畫家喬萬尼（德文名叫漢斯）在羅馬城認識女主角安妮娜之後，兩人一見鍾情。不過，安妮娜的父親在金錢的誘惑下，將女兒許配給有錢人貝佩。喬萬尼卻不死心，經常到她家門口徘徊。後來他父親和貝佩得知後，就將安妮娜禁足，她本來體質就很虛弱，最後她因過度思念喬萬尼而往生。當她的屍體放置在教堂裡，喬萬尼特地去爲她的人生之旅，送了最後一程。他把自己爲她所作的畫像塞在枕頭下，同時把手上的戒指戴在這位死去的小愛人的手上，這一幕眞是十分感人。而這也是作者善於把死亡和愛情的美學栩栩如生地呈現在讀者眼前。在結尾，作者交待這位年輕畫家避居山中，整天茫茫然，可想而知的是，他在有生之年一定時時刻刻都在想念這位去世的愛人。

可見愛情的威力眞是讓人難以估計。在〈死湖情瀾〉這則故事中，漂泊四方的艾伯哈特本身精通醫術，某日在一家旅店，認識了來自奧地利的寡婦露綺莉婭，在一股神秘力量的召喚下，傾全力治療她的女兒，雖然他本身早已虛弱不堪。詭異的是，這位小女孩一醒來，竟對他叫爸爸，而艾伯哈特也默默接受。在這個互動過程中，他們好像一家人，和睦相處，互相關懷。固然他在治療小女孩的毅力和決心頗爲驚人，但面對露綺莉婭的愛卻退縮了，同時這位貴婦也因長期思念亡夫，也對他忽冷忽熱。最後亡夫的弟弟出現，並向她示愛。等到他要離她而去時，露綺莉婭決定表明一切，最後這位小叔知難而退，而此舉也感動了艾伯哈特，於是有情人終於成眷屬。

顯然，在作者海澤看來，眞愛並非垂手可得。他筆下的主角要獲到眞愛，往往需要經歷一段掙扎、衝突、折磨、懺悔的過程，才有會有愛的回報。例如，在〈埃及豔后的雕像〉裡，海澤以埃及艷后的典故，敘述一段曲折的愛情故事，讀來雖然像奇幻文學，但這說明主角一旦錯失當前的愛情，往往要面對懲罰。尤其是男爵本身猶疑不決，加上懦弱，放棄賣花女克萊奧派特拉對她的愛，以致她自我了斷。但當他準備和未婚妻結婚之際，卻因一座雕像而萌生幻象，同時又被猴子咬傷。最後男主角在懺悔之後，終於能夠認清愛情的眞諦，因此他願意鼓起勇氣面對未來的婚姻。綜觀海澤的作品可讀性很高，尤其是講敘述愛情頗像好萊塢電影，但其深度卻更勝一籌，因此海澤的作品是値得一讀的。

09 伏爾泰、巴爾札克、歐仁・蘇

法國暢銷作家

法國文壇誕生不少暢銷作家，但在舊政權時代，作家的命運變化多端。例如，伏爾泰雖然流亡國外，但擅於運用錢財，因此過著富裕的生活。到了十九世紀，報章雜誌開始大行其道，尤其是新聞連載小說，有些作家一夕之間賺進大筆鈔票。如法國的巴爾札克、歐仁蘇、大仲馬、雨果，以及英國的狄更斯。不過，巴爾札克揮霍無度，盲目投資，加上追求貴婦，以致負債累累，反之，歐仁蘇卻善於經營，以致名利雙收。

伏爾泰（Voltaire，原名François-Marie Arouet，一六九四～一七七八）出身於中產家庭，父親是位公證人，死後並沒有留下財產。伏爾泰早年雖然在普魯士的腓特烈大帝（Frederick the Great）身邊當

■本書圖文並茂，娓娓道出巴爾札克的一生

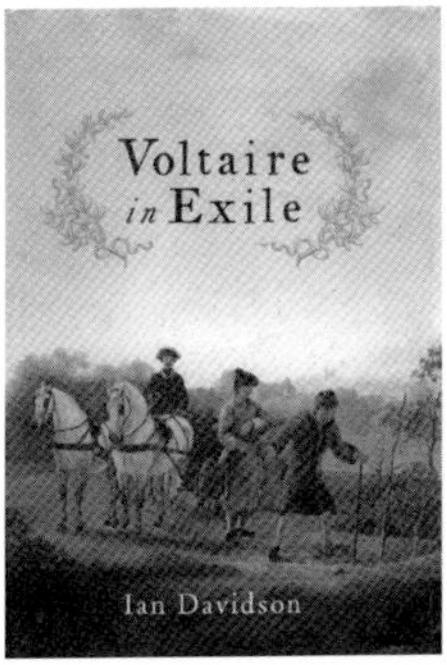

■本書敘述伏爾泰在瑞士的流放歲月

侍臣，但他經常撰文批判法國的波旁王朝（Bourbon）。他一生中兩度被關進巴士底獄，一次是寫詩諷刺攝政王，一次是跟某位貴族決鬥。他離開普魯士，激怒了腓特烈，因此遭到軟禁，後來獲釋。在準備回國途中，路易十五的愛妾彭芭杜夫人（Marquise de Pompadour）告知他的愛人瑪莉・路易絲（Marie-Louise，一七九一～一八四七）：「伏爾泰不准回國！」

人身邊擁有一筆巨大的財富並非壞事，但要用得恰到好處，畢竟貨幣的本質就是要流通，如果一味封鎖，甚至埋藏，其結果恐怕只會害人又害己。例如，法國劇作家莫里哀（Molière，一六二二～一六七三）筆下的吝嗇鬼，把錢看得比找對象還重要！又如巴爾札克（Honoré de Balzac，一七九九～一八五〇）筆下的歐也尼・葛朗台（Eugenie Grandet），雖然家財萬貫，但是位十足的守財奴，最後害死妻女。他是小說的角色，但在現實生活中也不乏這種一毛不拔的人物。

文人大多給人一種窮酸的印象。但古往今來，還是不乏富有而慷慨的文人，例如伏爾泰就是其中之一。他是位啓蒙時代的哲學家和歷史家，但也是一位人氣暢旺的劇作家，他的劇本在法國喜劇院的演出一直歷久不衰。因此稱他爲文人（man of letters）也很恰當。不過，當時版權法並不嚴格，所以要拿到高額的版稅，可謂難上加難，何況盜版的風氣也非常盛行，加上他的作品不時遭到查禁。如此一來，伏爾泰不免要絞盡腦汁，以尋找生財之道。

他對於自己的投資眼光具有無比的信心。他和一些朋友合夥大舉購買彩券，賺進一筆財富，後來他和另一位朋友販賣軍需品而再度日進斗金。過了一段時間，他便靈活地運用自己身邊的資金，放高利貸給一些貴族。光是每個月收利息，就可以讓他後半輩子高枕無憂。伏爾泰寫信給銀行家朋友特侯秦，提到他大半輩子在紙上筆耕，就好像行乞一樣，幸好身邊有一大筆財富，可以做很多事情。顯然，伏爾泰能夠我行我素，時時發揮生命的能量，悅人又悅己。

一七五五年，他遭到放逐，遠離祖國，平時體弱多病，但他移居到日內瓦邊境的費爾內（Ferney）古堡之後，生活過得很愜意。除了再購買另一棟古堡Les Delices之外，他繼續寫作，對抗專制政權，同時贊助業餘劇團的演出，而且不時設宴款待來自英國和歐陸的賓客。

一七七八年，再度回到巴黎，見到睽違已久的老朋友，興奮之情溢於言表，但這或許是他生命的迴光返照，不久便撒手人寰。他一生抨擊教會，因此天主教會拒絕爲他舉行葬禮，幸虧他弟弟在香檳區擔任主教，力排眾議，將他埋葬在教會墓園。法國大革命後，革命黨認爲他是先驅，於一七九一年將他的骨灰運回巴黎，並供奉在萬神廟（*Le Panthéon de Paris*）。顯然，伏爾泰的多重角色，令人嘖嘖稱奇！

接著一八四二年，巴爾札克《人間喜劇》正式上市，他指出：

「法國社會將成爲歷史家，我只應充當它的秘書。」他本來計畫寫一百四十多篇，但只完成了九十六篇。當時，巴爾札克有意透過小說，以呈現法國在大革命後的變化。尤其是，他創造出二、三千個角色，讓讀者瞭解法國的資本主義社會開始大行其道，同時每個人心中的欲望正脫離舊有的框框。

一七八九年，法國爆發大革命之後，政情一夕數變。從革命政府的大屠殺，歷經拿破崙的崛起，以迄波旁王朝的復辟，巴爾札克體驗了波濤洶湧的新時代。當時，資本主義正式登場，資產階級正嶄露頭角，因此金錢、媒體、商品日漸支配人心。在新時代的影響下，他成天夢想發財，尤其是經由投資或娶個貴婦。他曾經營印刷廠，於一八二六年推出《拉芳丹全集》，共印了二千部，卻只賣了二十部，因此只好宣布關門大吉。在日常生活中，他不但昧於現實，同時拙於理財，一旦散盡錢財，乃乞援於自己的創作。幸好他只要進入小說創作的領域中，腦筋即顯得靈活，並馬上掌握現實的脈動。

當時，法國上流社會一向講究時尚跟排場。爲了充場面，他得購置馬車，僱用車伕，而他去見貴婦人之前，更要租用華麗衣裝。日本學者鹿島茂指出，在《高老頭》中，主角拉斯蒂涅去見貴婦，穿著不體面，而且沒有馬車亮相，管家一開門，只好冷眼相待！看來，巴爾札克早已心裡有數，這一來，他的花費，光是衣服的租金就要九百法郎，幾乎等同於高級裁縫師的年薪，而勞工階級的日薪只有一法郎。因此以他的開銷，入不敷出是不足爲奇的。面對龐大的生活費用，他只好依賴寫作來賺取錢財。幸好文字媒體日漸發達，例如《巴黎評論》和《新聞報》一出現，不但想出連載小說的點子，同時也給作家稿費。因此，巴爾札克可以一稿兩用，先在報章雜誌刊登，然後再結集成書，交給出版社。

回顧過去，教育不普及，文盲舉目可見，書籍根本是有產階級的奢侈品，而大眾娛樂則集中於劇場表演，作家只能撰寫劇本，以維持生活。而民眾又缺乏著作權和版稅的概念，即使書很暢銷，也難以餬口。此外，製紙和印刷的技術尚未發達前，印書的費用十分昂貴，如此一來，書價也就貴得讓民眾無法負擔。面對這種生產結構，租書店便到處林立。不過，這種情況對書籍的銷路難免有負面影響。

新時代一登場，媒體大亨如貝農和吉拉爾丹開始付起稿費，職業小說家乃應運而生，例如大仲馬、歐仁蘇、巴爾札克都憑藉連載小說而大賺一筆。連載結束後，再由出版社出書，也有一筆可觀的收入。不過，出版社如雨後春筍般地出現，作家從此必須面對出書契約。

當時，巴爾札克要是缺錢便向出版商借錢，然後再簽下出書契約作為擔保。但有時候交稿時間到了，他經常開天窗。出版商一提出控告，只好償還罰金。一旦手頭缺錢，只好再跟另一家出版商簽訂契約，預支版稅。有趣的是，他還會逃離巴黎，躲到鄉下去寫稿，像《高老頭》只花了五個月就完成。看來，巴爾札克一輩子就在這種惡性循環中打滾。

■歐仁·蘇《巴黎的秘密》是法國十九世紀的暢銷書

然而，他卻創造出許多傑出的小說。巴爾札克善於描述新興資本家，如銀行老闆紐沁根。在《高老頭》和《紐沁根銀行》中，他擅玩弄金錢遊戲，只要動一動腦子，就大賺一筆。但他為人既冷酷又無情，人際關係只能以金錢和數字來衡量，尤其是，當岳父高老頭一死，他竟無動於衷。巴爾札克面對唯利是圖的人物，往往極盡諷刺，例如在《歐也妮・葛朗台》中，主角葛朗是位典型的吝嗇鬼，為了錢財，竟害死妻子和女兒。

當時的法國文壇，暢銷作家歐仁蘇跟巴爾札克形成強烈的對比。歐仁蘇的作品如《巴黎的秘密》、《流浪的猶太人》在報紙連載時，深獲讀者的共鳴，使他名利雙收。當時媒體大亨的創意，他率先以高額稿費吸引作家前來寫稿。一八〇四年，他出生於醫生世家，長大後在法國軍艦擔任軍醫，出於創作的熱情，乃棄醫從文。以海洋生活為題材，開始撰寫海洋小說。在嶄露頭角之後，便活躍於巴黎社交界。

《巴黎的秘密》開始在吉拉爾丹的《爭論報》連載，歷時兩年。這部小說的角色包含工人娼妓、窮人，甚至創造強盜殺手集團，以創造衝突的情節。女主角瑪莉被迫害的情節爲此書贏得不少同情的眼淚，而男主角魯道夫扶弱懲惡，更獲得廣大讀者的喝采。

此書在連載期間，每天結尾內容，都製造一種懸疑效果，使得讀者迫不及待在隔天想去了解主角的遭遇。雖然富人和中產階級可以買得起報紙，但窮人則負擔不起。幸好巴黎到處都是出租店，只要一進去，即可以小錢滿足閱讀的欲望。後來，歐仁蘇被另一家大報《憲政報》挖角，老闆貝農出價十萬法郎（折合台幣三千萬），邀請他撰寫《流浪的猶太人》。兩年的連載期間，報份從三千五百份攀升到兩萬三千份。看來，「歐仁蘇現象」無疑是媒體和作家的美妙結合。

10 伊麗莎白・大衛

美食書寫的風潮

一九九四年二月二十二日，英國美食作家伊麗莎白・大衛（Elizabeth David）蒙主恩召，享年八十一歲。兩年後，目前隸屬於LVMH集團的菲利普拍賣公司，開始出清她生前留下的廚具和餐桌。一時之間，英國各地的廚師和民眾蜂擁而至，目的就是要參與競標。女作家蕾斯（Leith）還以四千九百英鎊標下她的餐桌。其實，這張餐桌早已老舊不堪，但它曾伴隨伊麗莎白完成許多著作，從而發揮不小的影響力。例如，她開始在報章雜誌發表文章後，大力推介異國料理和食材，知名的哈洛茲百貨公司開始大量進口法國食品，而索茲伯利連鎖超市也供應義大利的橄欖油、香料和帕瑪乳酪。

對於英國，伊麗莎白介於愛與不愛之間。她不敢恭維英國的料理和氣候，但也因爲深愛英國，所以大力推介異國的料理和食材，使得英國人腦中建構美麗的夢想，並願下廚試一試自己的手藝。她除了經常在文字媒體撰文外，鑒於英國的廚具十分貧乏，她還與一些好友經營廚具公司。有時候也會抽空到法國，目的就是爲顧客挑選他們所訂購的廚具。

伊麗莎白從小受惠於她母親史黛拉（Stella）。她母親發現她從小就有藝術天分，因此在她十六歲時，便送她到法國索邦大學，研究法國歷史、文學、建築。留學期間，她寄宿在羅伯多特太太家裏。她個人並不喜歡這位嘮叨的太太，偶爾會溜到外面用餐，而一回來，老太太會問她外食的菜名，伊麗莎白往往支支吾吾。後來回英國，她恍然大悟，發現這家人是如何用心良苦以各種技巧把法國飲食文化灌輸給寄宿在她家的英國人。

不過，她當時目睹這位老太太每天到巴黎的中央市場親自挑選奶油、食材和波爾多紅酒，卻讓她印象深刻。後來她到德國慕尼黑遊學，學會了德國甜點。回到英國後，她曾到馬耳他島一遊，認識了廚師安吉拉。他能夠善用當地貧乏的食材，作出一道道可口的料理，這種神奇的廚藝對於伊麗莎白有不小的影響。

二戰期間，她浪跡於埃及的開羅和亞力山卓、雅典、印度。其間她認識了《亞歷山大四重奏》的作者勞倫斯·杜雷爾（Lawrence Durrell）。後來又結識了旅遊作家諾曼·道格拉斯（Norman Douglas）。兩人雖然相差四十六歲，卻發展出一段感人的戀情。此外，道格拉斯的博學和見識對於伊麗莎白日後的寫作生涯也奠定深厚的基礎。

不過伊麗莎白在埃及認識了英國軍官東尼·大衛，相戀不久後，便結婚，後來在印度停留一年。一九四六年，回到英國後，大衛離開部隊，平時拙於理財投資，加上成天縱情於賽馬，全家開始債台高築。當時伊麗莎白認爲這位丈夫軟弱無能，此後兩人日漸貌合神離。長久以來，她勤於鍛鍊廚藝，在埃及期間，也經常到圖書館找尋相關資料，因此等到她開始在報章雜誌嶄露頭角時，可以說早已準備就緒。

她先後在《每日快報》、《每日電訊報》、《星期日泰晤士報》、《哈潑》、《Vogue》撰寫專欄。此後伊麗莎白的文章也就經常見報，當時小說家杜雷爾來函讚賞一番。經過一段時間後，她有意結集成書。一九四九年，約翰・列曼出版公司的老闆約翰十分賞識的文章，因此爲她推出處女作——《地中海料理》。後來她推出《義大利菜》時，名作家伊伕林・沃（Evelyn Waugh）更撰寫了一篇書評，對她推崇有加。

一九五六年，《哈潑》雜誌主編奧黛麗・溫德斯（Audrey Winters）轉到《Vogue》任職之後，更力邀伊麗莎白寫稿，並鼓勵她介紹各地市場的食材和法國料理背後的故事。她也得到旅費補助，先後到普羅旺斯、亞爾薩斯、洛林、勃艮地、里昂等地從事實地調查。後來這些

■《伊麗莎白・大衛評傳》

內容便收在《法國地方美食》一書中。

其實，善於說故事是她文章的特色。例如，在《府上可有肉豆蔻？》中，有一段她除了介紹石榴冰的食譜外，更談到它的來龍去脈。首先石榴是由阿拉伯人傳到西班牙，接著，她強調，這道冰的名稱來自於吉利耶所著的《法國甜品師傅》，該書出版於一七五一年。他曾任斯坦尼斯拉斯的甜食師傅兼蒸餾師傅，斯氏是波蘭國王，也是最後一任的巴爾和洛林的公爵，而且是法王路易十五的岳父。吉利耶的石榴冰叫做「石榴雪」，美味而清新，顏色深紅又帶有肉紅色，而且成一縷縷狀。在享用時，可以用厚而透明的高腳杯來盛冰。

她平時搜集很多歷代的廚藝名著，雖然從中獲益良多，但並不受制於書中的內容，有時候爲了讓現代讀者能夠容易上手，往往會加以改寫，以達到化繁爲簡的目的。有時也會加入遊記的內容，對此讀者更從中得到閱讀的樂趣。然而，她偶爾也會賣關子，對於書中的一些食譜並沒有完全說清楚、講明白。她指出，身爲一位理想的美食作家不但要讓讀者願意下廚，同時告訴他們如何做；接著也要留點空白，使讀者動動腦筋，以便做菜時有新發現，否則只會剝奪他們的一些樂趣。

伊麗莎白在寫作生涯中，一直能夠調整腳步，時時更新。某日，她對編輯好友吉莉・諾曼說，她要開始推介印度的香辛料理，因爲當時印度獨立後，回英國的軍人爲數不少，而這些異國料理還可以融入傳統的英國料理中。一九七〇年，她推出的《英倫廚房中的香料》就是這個階段的成績。

過去，她對於美國之行十分排斥，後來一些好友和品酒專家休・強森（Hugh Johnson）的建議，終於在一九八一年春天拜訪美國加州。她十分稱讚當地的市場和二手書店。此外，頗能代表加州菜的Chez Panisse餐廳的老闆Alice Waters更當面恭維一番，並坦承受到她的影響。有趣的是，當時MFK費雪很想和她見面，但伊麗莎白卻一口回絕，箇中原因倒是耐人尋味。

一個國家要是充滿活力的話，必定會有一些先見之人，看清自己國家的不足，從而大力推介異國文化。例如，一九六〇年代，蘇珊・宋泰格（Susan Sontag）在美國引進法國新浪潮電影和新小說，而喬治・史坦納（George Steiner）也在英國介紹歐陸小說。至於法國思想家喬治・巴塔耶（Georges Bataille）和好友布朗修（Maurice Blanchot）更創辦雜誌讓法國人了解英語世界的文化動向。顯然，伊麗莎白・大衛可以和這些評論家並駕齊驅。

11 經典作品再現風華

拉克洛《危險關係》

■《危險關係》作者拉克洛

《危險關係》是十八世紀的法國名著，多年來幾度改編成電影。在書中，作者拉克洛敘述法國舊政權崩解前上流社交圈的欲望、權力、報復和性誘惑。例如，浪蕩子和惡女如何透過詭計、地位、美貌操控敵手。這就是在第三十二封信中，沃朗莒夫人道出社交圈的「危險關係」，更指出了凡爾蒙過去豐富的情史。

這部書信體小說於一七八二年三月在巴黎出版，首刷兩千本，但幾個禮拜之後，便緊急再刷。當時，文學作品流行以書信體書寫，在歐陸中，除了《危險關係》之外，歌德《少年維特的煩惱》、盧梭《新哀綠綺思》都是大家耳熟能詳的名作。值得一提的是，盧梭這部名作自一七六一年上市以來，到了一八〇〇年共賣了七十二刷。

至於對岸的英國，從一七四一年到一八〇〇年之間英國共出版一千九百三十六部小說，其中有三百六十一部是書信體小說。尤其是，《克萊麗莎》、《帕梅拉》都是當時火紅的暢銷書，其背後因素，無非是作者現身談到市民的美德標準和處事技巧，深獲讀者的認同。此外，民眾的識字率上升，郵政馬車日漸發達，「書信」乃成爲資訊交流最重要的工具。

■《危險關係》初版書封主圖

除了文學作品外，現實生活中，名人書信集也相繼出版，例如莫札特、伏爾泰。以伏爾泰而言，他生前曾經跟腓特烈二世、俄國凱瑟琳女王、百科全書派成員經常通信，死後竟然留下四千五百封信件。至於繪畫作品更具體呈現少女書寫、閱讀信件的場景，例如，近年來馳名國際的荷蘭畫家維梅爾（Vermeer）即是此中高手。

一談起法國，則不得不要提到流行時尚。此書對於服飾著墨不多，但觀賞電影後，人物的穿著打扮則歷歷在目。在片中可以看到女性角色每每穿起束腹內衣和裙撐，讓女體呈現S形的身材。回顧過去，十七世紀中期，路易十四任命柯爾貝擔任財政部長之後，便開始發展時尚產業。柯爾貝指出，要是法國發展時尚，其獲益可以比美西班牙在中南美洲所挖到的金礦銀礦。此後，乃聘請義大利師傅到里昂教導紡織技術。

過去，所有裁縫師傅必須加入服飾行會，而且只准男性參加，但到了一七七六年，女性也可以入會。服飾行會旗下的裁縫師，除了接受顧客訂製服飾，也會設計配件。這一群師傅雖然是小商人，但顧客大都是王公貴族，所以本身享有許多特權。例如瑪麗皇后的御用女裁縫師羅絲・伯頓（Rose Bertin）還被稱爲宮廷的「時尚部長」。她是位精明的女商人，不但在聖・奥諾赫大街開設服飾店，同時也打出設計師品牌。

她爲瑪麗皇后設計服飾，遵循鑲褶邊的洛可可傳統，而且引入當時流行的英國時尚。她不受制於過去的設計理念，敢於創新，因此許多巴黎的上流社會的女士紛紛湧向她的店裡，並下起訂單。

十八世紀的新古典主義受到希臘羅馬文化的影響，主張回歸大自然，而盧梭也大加附和。當時瑪麗也認同這種思潮，因此在凡爾賽宮的一個角落，建立一座鄉間農舍，有時候自己就暫時遠離宮廷的奢華生活，頭頂輕便的女用帽子，穿著棉質的白套裝，扮演牧羊女的角色。諷刺的是，她遭到指控的罪名是浪費公款，但她這種簡樸的服飾在大革命期間還十分流行。

從文化史的角度，彭芭杜夫人、瑪麗皇后、歐仁妮皇后——這三位名女人爲巴黎時尚奠定基礎。路易十五的愛人彭芭杜夫人在十八世紀塑造洛可可的華麗時尚，並成立沙龍，贊助文人和藝術家，博得美名。而十九世紀中期的歐仁妮皇后也跟設計師沃斯相配合，主導法蘭西第二帝國的時尚品味，一八七〇年，帝國因普法戰爭而瓦解，她跟拿破崙三世一起流亡英國，全身而退。但瑪麗皇后卻被推上斷頭台，看來她眞是生不逢時！

介紹法國時尚之後，則要論述書中內容。首先，梅黛侯爵夫人寫信要凡爾蒙子爵勾引賽西兒，因爲她的舊情人傑庫伯爵拋棄她，要迎娶花樣年華的賽西兒；梅黛夫人逮到這個機會，當然要伺機報復一番。但凡爾蒙認爲這是小事一樁，不足以有成就感，寧願追求謹守婦道的杜薇夫人，因爲高難度的戀情，需要有謀略、密探、情報，並且掌握關鍵時刻，以大獲全勝，同時達到占有對方的目標。顯然，對於凡爾蒙來說，這才足以萌生像征服者到處攻城掠地的偉大成就感。

閱讀古代史詩或戰史，往往看到英雄運用戰術、戰略以征服對方，但在《危險關係》中，戰場變成情場。西方人將婚姻視爲契約，夫妻之間務必遵守一對一的嚴格關係，但在小說每每呈現主角因欲望、權力的運作而破解契約。這可從凡爾蒙跟杜薇夫人之間的攻防得到明證。

一旦凡爾蒙開始吹起征戰的號角，總是渾渾而有機心。他當然了解因自己的情史而惡名遠播，但對於如何擄獲杜薇夫人仍然信心滿滿。當他們倆有機會在姑母的城堡會面，一開始不免跟她禮尚往來，接著僞裝成「善人」，救濟窮人，以博取杜薇夫人的好感。他頗能夠掌握時機，等到對方放鬆防衛心，便一舉跟她展開肉體接觸。在第四十四封信中，凡爾蒙更確定了，他經由密探竊取杜薇夫人的信件，赫然發現她把他的信重新抄一遍。

杜薇夫人本身嚴守宗教、家庭規範，這一來難免萌生罪惡感。固然每次在接到凡爾蒙的信件之後，乃回信嚴格訓斥他，並強調她的貞潔和家庭。但有趣的是，人每每搞不清楚自己，即使口頭上教訓、譴責對方，但欲望早已潛伏在無意識之中而無法察覺，因此她每次回信，便足以爲凡爾蒙製造攻城的機會。

凡爾蒙的生命力建立在征服情人，本來對於賽西兒根本沒興趣，但他透過密探的情報發現，原來賽西兒的母親沃朗莒夫人就是不斷寫信暗中揭發他過去的「黑手」，因此決定追求賽西兒，以展開報復。當母親從女兒的信件，發現她跟唐瑟尼騎士的戀情，立刻加以阻止，因爲女兒準備跟傑庫伯爵結婚，她還帶著女兒從巴黎來到凡爾蒙姑母羅絲蒙德夫人的城堡，以避開這位騎士。凡爾蒙利用跟唐瑟尼的友情，藉機會親近賽西兒，表面上要幫忙他們，背地裡卻另有陰謀，目的無非就是占有賽西兒。

凡爾蒙占有了賽西兒，同時繼續跟杜薇夫人玩起愛情遊戲，她經不起他軟硬兼施的攻勢，開始萌生愛意，但後來發現他時時追逐新情人，尤其是在劇院門口目擊他跟一位女子約會。這使她痛苦萬分，以至於精神錯亂。但最後走向死亡之路，背後關鍵竟然是梅黛侯爵夫人這位可怕的藏鏡人。

在凡爾蒙征服了杜薇夫人之後，向梅黛侯爵夫人宣告捷報，信中愛意綿綿，顯然是戀愛中人的樣態，這讓她十分憤怒，因此向唐瑟尼告知凡爾蒙和賽西兒的祕密情事。如此一來，唐瑟尼認爲友情遭到背叛，氣急敗壞，乃邀他舉行決鬥，最後凡爾蒙死於其劍下。當杜薇夫人得知凡爾蒙的死訊，百感交集，也跟著香消玉殞。

梅黛侯爵夫人是愛與權力的體現者，她不但操控唐瑟尼和凡爾蒙，同時讓沃朗莒夫人誤以爲是好友。在閱讀過程中，天眞、情欲、謀略處處可見，人心的黑暗面更不斷浮現，然而，作者在結尾還是呈現了道德教訓，除了凡爾蒙和杜薇夫人走向死亡之外，梅黛侯爵夫人罹患了天花，並且逃離法國，避居荷蘭。

法國思想家德勒茲在《普魯斯特與記號》中，強調解讀愛情記號，是成長過程中必須面對的。在《危險關係》中，清純的賽西兒跟唐瑟尼騎士，面對陌生的情場，本來以爲只要以純愛之心，便可有圓滿的結局，殊不知背後卻有凡爾蒙跟梅黛侯爵夫人的操控。要學會解讀這種種複雜的記號，代價不可謂不小。最後賽西兒進入修道院，而唐瑟尼則正式宣誓入馬耳他騎士團，以治療各自的愛情創傷。

顯然，《危險關係》中，拉克洛經由筆下人物之間的糾葛，具體展現愛與死的主題，凡爾蒙子爵和杜薇夫人走向死亡之路，但梅黛侯爵夫人落荒而逃、唐瑟尼落腳於馬耳他、塞西兒當起修女，也都形同「死亡」。

12 達爾與巧克力傳奇

童書創作的另類思考

閱讀作家的傳奇故事，往往對於寫作人是一種莫大的鼓勵。比方說，要是了解英國作家達爾一生的起伏，不免讓人感嘆造物者的魔幻神力。

達爾十八歲中學畢業後，爲了體驗社會的眾生相，放棄上大學，任職於皇家蜆殼石油公司。

他成天幫經理寫信，於是便開始有寫作的機會。二戰期間擔任英軍飛行員，有一次在利比亞出任務時從天上摔下來，幸好沒有生命危險，以致於後來讀者才能夠看到他許多精彩的故事。

一九四二年，達爾年僅二十六歲，但被迫成為退伍的「老兵」，幸好英國當局卻派他到美國華盛頓的英國大使館任職，目的就是蒐集情報，使他不至於失業。有一天，他在使館裡巧遇名作家諾曼．佛雷斯特，雙方相談甚歡，這位名作家談起目前跟《星期六晚報》撰寫有關英國的故事，同時也希望他書寫有關空戰的故事，接著兩人還繼續到餐廳聊天。用餐後達爾回到家只花五個小時就寫完，並寄給這位名作家，不久他會回信，談起已經請經紀人寄給《星期六晚報》，並附上支票。達爾從此開始走上寫作之路。看來，每個作家的機遇往往有所不同，達爾能夠受到這位前輩作家的提拔，無疑是幸運之神的照顧。

達爾寫了好幾部作品後，成為道道地地的職業作家，他回想過去在讀書時，英文作文分數奇差無比，但有時候很納悶，為何一個人可以寫完長達三百多頁的書？後來他領悟到，如果一天寫一頁，那一年就可以寫完一本書，但關鍵就是要耐得住孤獨跟寂寞。

達爾出了名之後，經常在報章雜誌寫稿，但他有一些怪癖，如要有編輯修改他稿子，他必定寫信對他痛罵一番。他的故事曾經改編成電影，只要編劇內容跟他的想法有所出入，或是拍得讓他不滿意，上映那天他還會在電影院門口舉牌抗議。

達爾一起步，寫了不少短篇故事，但是寫作速度太慢，以致於收支無法平衡。台灣曾經出過他的短篇小說《幻想大師達爾的異想世界》，內容可謂篇篇精彩，但在英語世界要靠書寫短篇故事過活，的確難上加難，何況他花了好幾年才完成一部短篇小說集，而且還被《紐約客》雜誌退了好幾篇作品。其實，他還寫過長篇小說《時光不在》、《我的舅舅奧斯華》，但評價不好，市場反應也不很熱烈。

安德魯．唐金在《達爾和他的巧克力冒險工廠》指出，此時達爾的確面臨到創作的瓶頸。然而，有一天達爾突發奇想把每天晚上爲他女兒講述的床邊故事寫了出來，而且只花了幾個月就完稿。於是《怪桃歷險

■《查理與巧克力夢幻工廠》

記》的手稿就交給出版社老闆，當時他深怕這位老闆一下子把稿子丟到垃圾桶。幸好後來這份手稿到了編輯維珍妮・佛勒手上，一看完她簡直愛不釋手，於是就這樣上市，一上市果然叫好又叫座。此時，達爾終於順利轉型，於是再接再厲，花了七個月完成《巧克力冒險工廠》，同樣是十分暢銷。這部電影幾年前還改編成電影，由強尼・戴普領銜主演。

在達爾的眼中，大人們經常將兒童當成野蠻人加以欺凌，但達爾在作品中讓小孩子當起主人，盡量讓他們發揮想像力，甚至可以心想事成。這跟達爾在學校求學的過程息息相關，因爲在作品中他會把令他討厭的老師和同學加以改裝而成爲書中的角色。達爾的惡作劇和整人的能力的確高人一等。但書中這些角色往往具有普遍性，也難怪每本兒童故事都能夠引起小孩子的共鳴，甚至大聲叫好。顯然，達爾已經去世多年但其作品受到的回響至今依然未減，目前他的許多作品仍然高居暢銷排行榜，例如《巧克力冒險工廠》、《怪桃歷險記》、《小喬治的神奇魔術》、《瑪蒂爾達》。

達爾強調，寫童書的關鍵在於幽默的情節，但如果寫成人故事那就未必。換言之，身爲童書作家故事一起頭，必須馬上吸引住他們的注意力，這也就是童書比成人故事還難寫的原因。

在《小喬治的神奇魔術》中，祖母刻薄、自私，時時找小喬治的麻煩，媽媽在家的時候，她還不敢這樣。自己身材矮小，竟然對小喬治說，長大很不好，最好不要往上長大，要往地下長，阿嬤講話越來越離譜，使得小喬治懷疑阿嬤是不是一名女巫？接著，阿嬤還叫小喬治吃捲心菜，因爲裡面的毛毛蟲是最營養的。她老人家講得口沫橫飛，但他卻嚇出一身冷汗。

此時，小喬治靈機一動，想到過一陣子阿嬤就要吃藥，於是跑到廚房，調製魔法藥，準備整整他阿嬤。在調製的過程中，小喬治看到眼前

■《小喬治的神奇魔法藥》

有東西就放進去，其中包含香水、肥皂水、油漆、動物服用的藥片、指甲油、鞋油、頭髮定型液。

阿嬤服用了他的魔法藥水之後，整個人突然膨脹，不久卻瘦得像一條竹竿，而且高度達到天花板，接著繼續伸到二樓，最後整個頭竟然伸出到屋頂。有趣的是，阿嬤因爲身體虛弱，好幾年沒有到外頭呼吸新鮮空氣，頭一伸外面，享受新鮮的空氣，竟然十分高興，這麼一來，就沒有譴責小喬治的這種惡作劇。

■《瑪蒂爾達》

接著，小喬治還把這種神奇藥水拿來餵雞，霎時間，這些雞變得又高又壯。同樣的，馬和山羊一吃了魔藥後，也是突然長得高大。而一隻母雞還生出一個像橄欖球那樣大的蛋。爲了讓阿嬤出來，只好找來一部起重機將她吊出屋外，雖然脾氣還是不好，但似乎治好了她的病痛。當起重機把她放在地上，她馬上跨上馬背，騎了起來。但她長得太高，所以晚上只好睡到乾草棚去，跟老鼠做伴。後來又調製各種靈藥，竟然把他阿嬤變得越來越渺小，最後竟然在小喬治的媽媽手上消失。

至於在《瑪蒂爾達》中，瑪蒂爾達年僅四歲，擁有特異功能，才氣縱橫，能夠閱讀許多艱深的文學作品，一有空就到圖書館去借書。她竟然可以閱讀狄更斯、海明威、康拉德等人的作品。但她愚蠢的父母卻將她看成笨蛋，而兒子才是聰明的孩子。看來，達爾書寫兒童故事往往反其道而行，讀後眞是令人拍案叫絕。

瑪蒂爾達在家裡開始讀書，甚至大量閱讀小說，但不學無術又喜歡吹牛的父親卻看不起她，甚至將她手上的書一頁頁地撕掉。瑪蒂爾達此時不免怒火中燒，心想抱怨並沒有用，於是效法拿破崙的說法——反擊。用超級粘膠塗在父親的帽子裡，結果一戴，整頂帽子就黏在頭部。最後還要她媽媽用剪刀將帽子剪掉，才平息這件糗事。

有趣的是，她跟鄰居借一隻鸚鵡，這隻鸚鵡還會說：「你好嗎？你好嗎？」瑪蒂爾達將它帶回去，藏在壁爐的煙囪裡。愚蠢的父母和哥哥麥可，一聽到牠發出聲音——「你好嗎？你好嗎？」竟然嚇了一大跳，誤以為小偷潛入家裡，進來偷東西。

瑪蒂爾達到了學校上課，受到老師亨尼的喜愛，因為她才華出眾。不過，學校校長叫特朗奇布爾，平日喜歡以虐待小學生為樂，在達爾的筆下將她形容成像一位納粹女魔頭。例如有位女學生阿曼達頭上綁著兩條辮子，她看不順眼，竟然抓起她的兩條辮子在空中繞來繞去。此外，有位同學偷吃她的蛋糕，她竟要廚師做一塊大蛋糕，在所有人面前要他吃下去，幸好這位同學是「大胃王」，吃完後並沒有任何異狀，校長達不到報復的目的，立刻氣沖沖離去。她對瑪蒂爾達也沒有好感，很想利用機會惡整她，但瑪蒂爾達每每能夠順利逃脫。顯然，這些小孩子也不是省油的燈。

亨尼老師跟瑪蒂爾達關係越來越好，某日邀她到住家，並談及自己的身世，原來她媽媽早死，只好由阿姨來照顧，但這位阿姨一天到晚虐待她。更不幸的是，有一天她父親突然死掉。最後房子便歸這位阿姨繼承，此後，阿姨仍然繼續虐待亨尼。此時，瑪蒂爾達再度發揮特異功能，指出殺了爸爸的兇手就是她阿姨。最後亨尼表明她阿姨就是這位喜歡惡整學生的校長。瑪蒂爾達為了替老師出一口氣，於是在校長再度到教室上課時，經由冥想，指揮粉筆，寫上校長過去的惡行惡狀，校長看了之後，嚇得屁滾尿流，馬上逃離教室。從此，便消失得無影無蹤。某日，接到律師的來信，內容談到已經找到她父親的遺囑，因此房屋歸亨尼所有。

當瑪蒂爾達回家後，赫然看到父母親準備行李，準備逃到西班牙，因為平時收受贓物，東窗事發。平時他們倆就不喜歡瑪蒂爾達，但她也不想跟他們一起過著逃亡的日子，最後她便跟亨尼老師住在一起。

顯然，達爾不但是一位出色的作家，也是一位法力高深的魔法師。經由他的想像力和健筆爲每本童書創造出魔法世界，使得許多兒童獲得極度的閱讀快感，難怪達爾的兒童故事至今仍是高居排行榜。

13 莫拉維亞與赭威格

歐洲兩大才子

■莫拉維亞短篇小說集《羅馬故事》

二十世紀初期，歐洲文壇出現了兩位才子，分別是莫拉維亞與赭威格。莫拉維亞是義大利的一位小說奇才。他九歲時因脊椎骨出了毛病而無法接受正規教育，日後靠自己進修，讀遍歐美文學作品。到了二十二歲時，他的處女作《冷漠的人們》上市之後，深獲好評。後來，在墨索里尼當權之際，推出《化裝舞會》，因內容諷刺獨裁政權而遭到查禁。至於《羅馬故事》則是他的一部短篇故事集，書中主角大多以小人物爲主，作者展現人道的同情之餘，也有所針砭。尤其是在戰後義大利，正當百廢待舉之際，小人物也有自卑、貪婪、虛榮、自我中心、勢利眼。

莫拉維亞的故事經常顚覆一般人既定的價値觀，同時在結尾讓讀者

■義大利小說家莫拉維亞

■大陸十分重視莫拉維亞，也推出文集

有意外的驚喜。在〈正好輪到你〉中，不但敘述一則奇妙的愛情故事，而且正面肯定清潔隊員的貢獻和魅力。主角是一位清潔夫，但內心因自己的職業而萌生自卑感。當他開始跟女主角賈琴坦約會時，竟然謊稱自己是市政府的一位雇員，並對自己的工作大加吹噓。不過，有一天，他跟著清潔隊出勤，湊巧到她家拿垃圾，正面碰到她，因此這段戀情因欺騙而告終。後來，他得知女主角和另一位清潔隊隊友準備結婚，才了解她最喜歡清潔隊隊員，如果當時坦白承認自己的職業，一定可以娶到她，對此他後悔不已。

在作者看來，從事卑微行業的人可以實現夢想，而醜男一樣有機會獲得青睞。在〈惡棍的臉〉中，醜男瑞納度和美女凡倫婷娜同在一家郵局上班，他因喜歡她而想跟她約會，但好幾次都遭到拒絕。有一天，演員扎格里尼到郵局辦事情，忽然信口跟凡倫婷娜說，可以找她拍電影。這時候，她開始心動，便邀請瑞納度陪她到片場。他們兩個人一到片場，逛來逛去，剛好在場的一位導演，在拍片時缺少一位演壞蛋的演員，這時導演突然對醜男瑞納度說，他是最佳人選，至於女演員到處可以找得到，目前並不缺。導演一講完，滿懷憧憬的美女凡倫婷娜也就遭到冷落了。

男女關係經由莫拉維亞的妙筆一揮，總是充滿奇趣。在〈浪費者〉中，經營水電行的男主角因爲深深愛著太太而讓她任意揮霍。他爲了證明自己並不是太太口中的吝嗇鬼，便不斷買禮物送給她，最後竟然把自己的銀行存款花光。這一來，太太看他沒有錢，便跟他離婚，而男主角人財兩空之餘，只好結束營業，開始從水電工做起，以維持生活。最後令他氣憤的是，他太太竟然對別人說，他是一個敗家子！顯然，爲了愛，他的犧牲眞是不小！

此外，作者也把消費社會的景像刻劃得入木三分，畢竟商場的競爭，具體呈現適者生存的法則。特別是小人物一旦在商場處於劣勢，到

■褚威格也擅長書寫政治人物的傳記

了逢年過節，往往遭人冷眼相待。在〈家庭餐會〉這則故事中，敘述五個商家在新年聚會的互動，他們分別是賣乳酪火腿的托洛梅、賣烤麵包的迪安傑利斯、賣雞肉的德桑提斯、賣酒的克羅強尼，以及男主角艾吉斯托。而餐會的場地是在克羅強尼的家中舉行，他們各自帶著自己賣的商品當作料理。但主角艾吉斯托經營文具店，他太太便建議帶一盒水果蛋糕讓大家品嘗一番。不過，他的文具店生意十分蕭條，所以連蛋糕也買不起。

餐會一開始，艾吉斯托盡情享受他們四個人的料理，但一到亮出蛋糕時，他卻拿出墨水、筆、筆記本、拼字課本，希望他們來年好好用功讀書。這四個人一看，便破口大罵。其實，艾吉斯托這個動作也是一番好意，但問題就是在場合根本不搭調，加上他的生意清淡，以致變成一場荒謬的聚會。尤其是，最後主人克羅強尼罵得最兇，更加強他內心那種無言的哀傷。

莫拉維亞在這本短篇故事集中，經常以幽默的筆法敘述羅馬各行各業的人物，即使寫到貪婪之人和騙子，依然會讓人發出會心的微笑。本書的成功之處，在於作者雖然把時空擺在義大利戰後的羅馬，但他刻劃人性的技巧高人一等，以致於整部作品超越時空的限制。這一來，讀者看完了整本故事，也可以在周遭發現類似書中的人物。

至於喜歡閱讀小說的讀者，對於奧地利作家褚威格應該不陌生，尤其是他的短篇小說集《一位陌生女子的來信》，早已在台灣上市多年。不過要是看完他的小說之後，在閱讀他的傳記作品和回憶錄，將會耳目一新。

十九世紀末期，維也納顯露輝煌燦爛的文化，其中許多猶太人扮演重要的推手，如精神分析學家佛洛伊德、音樂家馬勒以及作家褚威格。他的回憶錄《昨日的世界》也爲那個時代留下見證。在他看來，奧地利石油一位老皇帝和年邁的大臣們共同治理，不但缺乏雄心壯志，而且極

■褚威格短篇作品集《一位陌生女子的來信》（商周出版）

力防止各種改革。當時，身為學生，對於課業早已興趣缺缺，但校外卻樂趣無窮，劇院、音樂廳、書店、博物館舉目可見，時時滿足的好奇心。

褚威格是一位猶太富商的兒子，本身交遊廣闊，而喜歡收藏骨董，到處旅行。也許他身爲猶太人的緣故，對於時代的巨變較爲敏感，所以他的傳記作品善於刻劃大時代的關鍵時刻。例如大作《悲情的王妃：瑪麗．安托奈特》。十六世紀，英王亨利八世與教皇決裂，自立英國國教，死後歷經瑪莉、愛德華，最後則傳到女兒伊麗莎白。當時女王接納來自蘇格蘭的瑪麗．斯圖亞特，因爲她犯下殺夫的罪行而被一群貴族逮捕，以致成爲階下囚。雖然逃到英格蘭後，受到信奉國教的伊麗莎白的照顧，但她與法國暗中密謀，企圖殺害伊麗莎白，以恢復天主教在英格蘭的勢力。這位當權女王旗下的情治單位已設下許多陷阱，也因瑪麗．斯圖亞特的躁進和輕率而爲自己種下殺身之禍。在書中，作者不但分析這兩位女人的不同性格，同時也爲新舊時代留下重要的見證。畢竟瑪麗企圖使英國恢復天主教信仰，充分顯示她昧於時代的潮流，而伊麗莎白則掌握新時代的脈動，受到民眾的支持。

當然，在西方歷史中，有很多關鍵的時代，褚威格的健筆更伸向大航海時代和法國大革命，他爲航海家麥哲倫立傳，而也爲路易十六的太太撰寫一部精彩的傳記。在《悲情的王妃：瑪麗・安托奈特》，他敘述這位出身於哈布斯堡王朝的公主，一登上王妃的寶座時，不但眾叛親離，而且揮霍無度，以至最後在大革命爆發後，被革命黨以「浪費」的罪名推上斷頭台。這位王妃在他的彩筆一揮，也讓讀者了解到她的情史和悲劇性格。

■《人類群星閃耀時》是褚威格的雜文集

除了長篇傳記外，褚威格在《人類的群星閃耀時》中透過十二篇短文，記錄改變歷史的一瞬間，如加州的淘金熱，以及俄國革命之父列寧由瑞士搭火車到聖彼得堡的芬蘭車站下車，在革命黨的擁護下，推翻沙皇。不過最精彩的是〈滑鐵盧的一分鐘〉這篇短文，他指出，拿破崙逃離厄爾巴島後，回到法國，企圖再度復出，並任命格魯希爲元帥，但這位冥頑不靈的將領在戰場卻一板一眼，十分執著於拿破崙的命令，腦中猶豫了一分鐘，因此無法及時率軍援助拿破崙。最後，拿破崙在滑鐵盧便被英軍和普魯士軍隊打敗。

目前，台灣已出版褚威格的短篇小說集，但他的傳記作品《巴爾札克》已絕版多年。因此要是他的一些傳記作品能夠問世，不但可以讓讀者多多了解西方的歷史人物，同時也能深入認識這位傑出的猶太作家。

14 亞歷山大・封・笙堡《窮得有品味》

經濟蕭條之下的新書寫典範

在《窮得有品味》中，作者亞歷山大・封・笙堡以幽默的筆法爲大家提供一些如何應付新貧時代的策略，既實用又幽默。一般讀者很不喜歡說教，但如果運用一些幽默的小故事來凸顯自己的觀點，則會具有說服力。

作者確實夠資格來談論面對「失去」的調適。他出身於是貴族之家，二戰之後，位於當時東德的家產和城堡遭到共產黨沒收。此後他父親開始過著流亡的日子，出門開著一輛破車子，長年穿著一件舊褲子，但一點也沒有自卑感。他母親則是匈牙利的難民，家中雖然貧窮，卻可以用一些便宜的布料把客廳裝飾得頗具品味。因此作者推崇匈牙利人除

■《窮得有品味》對於消費有獨到的觀點（商周出版）

了健談外，善於開玩笑，愛玩，更有一項「祖傳秘方」，那就是：越到山窮水盡時，越表現得鎮定沉穩，不失幽默感。照理說，出身這樣的家庭，必然會勤儉持家，但他從小跟愛好享受的姐夫在一起，養成愛消費、愛體面的習慣。等到身爲記者的他遭到報社資遣後，才重新思考生活的問題，從而寫了這一本精彩的好書。

作者不但討論家人和祖先的生活調適，同時也舉了一些有趣的例子。例如一位遠親在一九一七年逃到巴黎當餐廳侍者，他指出，如果沒有革命，繼續留在聖彼得堡的話，生活絕不可能像現在這麼精彩。此外，一位沒落的英國貴族經常調侃自己：「比如說如果我在晚宴上放了一個響屁，大家一定覺得我這個人不拘小節，甚至會覺得好好玩喔。但如果是另一個人放了屁，大家一定覺得那個人沒水準，沒教養。」

看來，沒落貴族如果對於自己的處境——失去財富、頭銜、城堡——可以好好調適，則是令人欽佩。作者更以知名作家納博可夫爲例，他在流亡的日子中，總是寫出充滿歡樂的篇章。即使窮到要進廁所，才有空間可以寫稿，但仍然甘之如飴。其實，納博可夫在一九四〇年到了美國教書，還是很窮，但他能夠安貧樂道，上課時不時講一些逗笑幽默的內容，同時當場表演滑稽的動作。他既傾聽一些年輕人的對話，也聽搖滾樂。這些豐富的生活經驗，對於創作《洛麗塔》（Lolita）助益良多。到了五〇年代此書推出了之後，生活便大加改善。

當然，台灣的歷史變化跟歐洲有所不同，但這種心態的調適，同樣可以給大家一些靈感，畢竟這幾十年經濟的變化，孕育了不少卡奴以及中年失業者。書中一些有趣的觀點也可以提供給許多人作參考。

作者在批判消費社會時，難免要針對流行時尚。他指出，艾拉芻瑞茲夫人是法國設計師迪奧（Dior）的朋友，一度被奉爲時尚圈的「品味總監」，但她每年總會要迪奧爲她設計一套禮服，而每年出席宴會，都穿那一套。顯然，了解那些設計師或是流行教主的遊戲是有必要的。

其實，服裝設計師有兩面，他們設計很多服飾，製造不少卡奴，但他們另一面我們應該要正視，比如說，服裝秀一到尾聲，設計師總會亮相，像Gucci前設計總監湯姆．福特（Tom Ford）和亞曼尼（Armani）都是一身T恤跟牛仔褲，而山本耀司也穿著一件破大衣和一雙破球鞋。這就像義大利的老鞋匠腳下總是穿著一雙爛皮鞋。

談到「貧窮美學」，設計師每每會標榜極簡風格，彷彿遠離奢華，自然衍生品味，但要親炙這種品味，往往要付出代價。比如說，我曾在一家名牌店看到比利時名設計師馬傑拉（Martin Margiela）設計的一件牛仔褲，其特色拆掉褲袋的四銅釘以及後面的兩片褲袋，但要價七千元。或許他的粉絲看到，二話不說會買下來。但如果錯過了，也沒關係，因爲一回家，只要拿起鉗子和刀子把自己的牛仔褲如法炮製，一一拆掉。這一來，自己也擁有一件新潮牛仔褲。自然也省下一筆錢。

十年前，自己也曾經對名牌服裝很著迷，爲此也花了不少錢，但有一天，我突然想通了，再血拚下去，整個衣櫃都是衣服，到時候一輩子也穿不完。想到自己可以寫文章，爲何不好好研究時尚的歷史？這一來，也順便可以認識西洋文化的變化。畢竟每一個時代的流行跟某一個時代的舞蹈、劇場、政治、文化交流息息相關。後來就從買衣服轉變成購買一些跟時尚有關的書籍來詳加研究。幾年後，我就完成了《時尚考》這一本書。看來，從消費服飾到書寫也算是一個有趣的蛻變過程。

至於旅遊，作者提到小說家于斯曼（Hyusmans）筆下的主人公本來住在巴黎郊區，某日看了狄更斯的小說，興起了到英國一遊的念頭。於是搭了火車到巴黎，一抵達市區時，先到餐廳喝英國紅酒。之後，到餐廳享受英國餐點；夾雜在一群英國佬當中，感受了英國氣氛、英國腔調，覺得很滿足。這一來，便放棄了英倫之旅。雖然主角是小說筆下的虛構人物，但在台灣的日常生活中也可以派上用場。如果你身上沒有多餘的經費來一趟東京之旅，那也沒關係。不妨從西門町出發，先享用一頓和風料理，吃完後，散散步，買一兩件日本小飾品。然後搭捷運到微風廣場，逛一逛紀伊國屋書店，瀏覽雜誌，看看日文書，接著再到信義計劃區看一看三宅一生、川久保玲的專櫃。一趟下來，也可以體驗到當代日本的氣氛。

目前台灣變化之快，往往令人無法適從，但如果心中有一套存活戰略，則會過得比較愉快一點。回顧過去，在八〇年代末期到了九〇年代初期，大家一片看好，畢竟股市狂飆，地價高漲，人人有希望，即使未來情景未必看好的讀書人，在大學期間也可以買一些便宜的英文書，價格大約三四百元。但目前，「青貧時代」的到來，很多大學生必須依賴助學貸款，這一來，畢業之後不免要負債三四十萬。

大學生已經負了債，怎能奢望價格昂貴的英文書？尤其是，一到書店，翻到英國進口書，動輒八九百元，即使台灣那些知名的蒐書家面對這樣的高書價，都會猶豫一番。沒錢的人當然有看書的權利，如果對圖書館不滿意的話，也可以考慮一些大書店，那裡提供寬敞而舒適的空間，只要待個幾小時，便可以瀏覽好幾本書籍。或許有些讀者也想擁有自己的藏書，師大附近的舊香居也可以逛逛，畢竟架上的文史哲書籍十分齊全，而且老闆待人親切，只要讀者一開口，她會幫你找書。說不定過一個禮拜再去，她已經幫你找到你所要的書。

在作者筆下，柏林目前是「乞丐天堂」，很多活動提供免費餐點。顯然他的觀點也在台灣也可以如法炮製，比如說，一些選舉的造勢餐會、美術館的開幕酒會，或是「人間副刊」的頒獎大會，往往會提供一些免費的美食。多留意一些情報，搞不好還有免費的紅酒可以喝一喝。

作者對於健身的神話也有所批判。在消費社會裡，人與人之間的相處往往有競爭的心理，如果周遭很多朋友參加健身俱樂部，繳一筆費用，平時的話題就會圍繞在健身。但如果有人沒有加入會員，就無法融入他們的話題，這一來難免有被排除的感受。不過，當個有自主性的現代人，要鍛鍊身體難道一定要到健身房嗎？在家裡或是到公園做做體操或簡單的氣功，一樣可以達到健身的目的。

最後要提一提本書的出版時機，也就是以前在誠品《好讀》看到一篇文章介紹這本書，看完後，心想應該介紹此書給出版社。想不到事隔半年，當我聽到負責本書的編輯提到譯稿已經完成了，覺得很興奮，二話不說立刻主動說要寫推薦序。畢竟在目前的青貧時代，本書的出版可說是在傳播另一種福音。因為如果好好閱讀此書，從而得到啓示，一來可以加速心理的調適；二來更可以避免當個卡奴。

15 核子災難的書寫《廣島末班列車》

查理．裴列格里諾所撰寫的《廣島末班列車》是一本頗具特色的報導文學作品。看完本書，可以想像他一定花了很多心血，才得以完稿，如採訪許多原爆倖存者和當時執行轟炸任務的美國飛行員。至於敘述方法，則採用類似電影分鏡手法，讀者在閱讀過程中，彷彿回到廣島和長崎的原爆現場。此書引發不少爭議，也許有人會認爲此書內容太強調暴力，但細讀之下，發現作者的動機是出於和平，並期待過去的原爆不是未來的序幕。

■核災是全球關心的的議題

二次大戰末期，廣島和長崎原爆爲亞洲戰場畫下句點。戰爭是人類最愚蠢的行爲，這是無需質疑的。值得探討的是，人類一形成國家和社會，總會制定法律，日常生活中，殺人當然是犯罪行為，必須接受懲罰，不過一個國家要是向敵方宣戰，殺人則變成一種榮耀，甚至還可以接受勳章的表揚！日文中，有三個漢字叫「非日常」，其實就是包含戰爭。人與人之間有交友和助人的熱情，但一旦面臨戰爭，這些優點立刻消失，因為一上戰場，你不殺敵人，敵人會殺你。

十九世紀末，英國作家哈代寫了一首短詩〈他殺了那個人〉，詩中敘述者失了業，乃加入部隊，某日他上戰場殺了一個敵人。戰事結束後，他十分內疚，因為承平之時，兩人如果在小酒館認識，雙方還可以把酒言歡。

戰爭時期，軍人跟老百姓陶醉在暴力的恍惚之中而無法自拔。二戰期間，一開始日軍時時傳來勝利的捷報，全國幾乎陷入極大的狂喜。其間，很多廣島青少年被徵召到工廠去製造武器，但當原子彈落地之後，他們有的受重傷，有的當場死亡。我們可以說他們並沒有上戰場殺人，他們可以算是軍國主義的替罪羔羊，但深思之下，他們何嘗不是共犯？當「日本天皇」宣告投降，大多數日本人才開始覺醒，甚至反思戰爭所帶來的罪惡。

值得一提的是，二戰期間，日美兩國不共戴天，誓不兩立。但戰爭一結束，老百姓列隊歡迎麥克阿瑟所率領的美軍。而有些日本軍人甚至寫信向麥帥告密，內容不外乎是日本軍人如何虐待美國戰俘。有些甚至願意讓日本成爲美國的一州。戰後初期，明明是美軍佔領日本，但他們竟然稱美軍爲「進駐軍」。幕府末期，他們將英美稱之爲「鬼畜美英」，如今卻極力崇拜美國人。

本書優點，在於讓讀者了解原爆之後的奇蹟和人性的光輝，例如，永井保羅醫生在長崎原爆時，本身是癌症末期病患，住在自己的醫院，但遭到原爆輻射後，癌症暫時趨於緩和。此後，全心全意治療、照顧病患，同時在五個月內寫完兩本書，並將版稅捐給長崎孤兒。此外，岩永章遭到原爆的輻射，戰後擔任長崎市政府公務員，退休後活到九十幾歲。

不過，原爆之後，也不免感慨日本社會所呈現的「排除構造」。記得十幾年前有一部叫「黑雨」的電影，內容敘述原爆時女主角身上剛好淋到原爆所產生的黑雨，雖然身體健康正常，但因爲這個「黑雨女子」的污名讓她無法嫁人！其實，作者在書中也提到，戰後三菱公司有很多來自長崎的員工，這些人長期暴露在伽瑪射線和原子塵之中，只要出現疲憊、氣喘、紅疹和反覆感染之中，都會遭到開除。

美日長久以來的糾葛導致原爆事件，這並非本書的焦點，但在此我願意補充其中的來龍去脈，以便讓讀者更能夠了解美日關係，進而掌握亞洲的情勢變化。

回顧過去，戰國武將織田信長大力接納西洋文化，主張開放。但一六〇三年，德川家康掌權後，深恐洋人作亂，於是驅逐外人，開啓鎖國時代，其間只准跟少數荷蘭人來往。日本在這種封閉的狀態，猶如初生嬰兒無法區別「自我」和「他者」。總計約三百年的德川政權，建構日本人的自戀與封閉心理。直到一八五三年，美國的培里船長以武力迫使日本開放門戶，而日本自知無力抵抗，只好屈服，此一大事史稱「黑船事件」。其實，日本人的心理有開放好奇的一面，是受到織田信長的影響，但同時有封閉的一面，乃是德川鎖國的影響。

評論家岸田秀指出，日本人從此罹患精神分裂症，內心與外表無法連結起來。以「內的自己」而言，日本人基於自戀，相信自己是神國子民，所向無敵。至於「外的自己」，日本面對洋人的船堅砲利，只好屈服，暫時妥協。對於這種美日關係——被迫開放門戶，就像遭到美國的強姦，此仇不報，勢難平衡「內的自己」。

日本在明治維新後，實力大增，尤其在日俄戰爭中獲得勝利，更是志得意滿，最後向美國宣戰。日本軍方幻想在神的庇護下，必定能打敗美國，尤其相信過去蒙古大軍曾率兵攻打日本時，有一道大風將蒙古船隊吹走。他們稱這道風是在神的助力下所產生的「神風」，因此在二次大戰期間才有「神風特攻隊」的瘋狂行逕，但出於輕視情報和補給，加上挨了原子彈之後，日本宣佈投降。

此後按照慣例，到了八月六日，日本媒體總會報導原爆事件。值得一提的是，一九九五年，西方各國舉辦慶祝勝利五十周年的紀念活動。日本也有回應，因爲廣島和長崎分別遭到原子彈攻擊。各界提出種種看法，如日本天皇的戰爭責任。根據統計，到了一九四五年十二月底，廣島市死亡人數約十四萬人，其中包含中國人、韓國人、美軍戰虜和其他亞洲人，至於許多傷者罹患各種併發症。

美國人大多認爲使用原子彈攻擊日本是正當化的行爲。一九五五年，美國更發行紀念郵票，圖片是原子彈爆炸的景像，以慶祝二戰勝利。但有些具有人道精神的美國人則持不同的態度。例如美國航空博物館館長郝伍德就是代表人物。一九九三年，他訪問廣島市長平岡敬，希望獲得市政府的協助，取得廣島原爆資料，以便在一九九五年展出。

郝伍德的展覽計劃以廣島和長崎的原爆事件爲主題，目的就是讓美國民眾了解核子武器的恐怖。不過，這項展覽計劃卻遭到美國退伍軍人協會的抗議。他們不但透過參眾兩院，希望刪減該館的預算，同時要郝伍德下台。結果郝伍德屈服於這一股強大勢力，縮小展覽規模，而會場也沒有展示原爆圖片。

顯然，在這個退伍軍人協會中，有些會員就是二戰期間遭到逮捕的美國戰俘，而他們對於日軍的殘暴至今仍耿耿於懷，使用原子彈來報復是應該的，這一來，要是展示原爆圖片，無疑是一種同情日本人的行爲，理當加以制止。

面對原爆事件，當時美國總統柯林頓也拒絕向日本道歉。究其原因。一來基於輿論的走向；二來牽涉到美國歷史的發展。以後者而言，要是向日本道歉，那就是承認殺害其他民族是不正當的。依此回溯過去，美國白人必須向印第安人道歉，以承認他們殺害印第安人是錯誤的，並歸還土地。這種骨牌效應必然使向來以正義化身的美國搖搖欲墜。

面對美國的強硬態度，日本政府根本無計可施。其實，日本政府本身立場極爲尷尬，因爲自冷戰以來，日本受到舊蘇聯的強大威脅，只能夠在美國核子傘的保護下，繼續創造經濟奇蹟。令日本人震驚的是，一九九三年，北韓在日本外海舉行「勞動一號」核子試爆，更迫使日本必須抱緊美國的大腿，以免再度遭到核子武器的攻擊。在經濟層面，日本一直不屈服於美國，雙方壁壘分明。但在軍事和外交上，日本一直唯美國之命是從。尤其是，過去台海飛彈危機期間，中共舉行飛彈演習，間接威脅到日本，這一來，只能夠淡化處理原爆事件，以維持美日的聯盟關係。

日本面對中共和北韓，每每擺盪於反核和擁核。反核是來自於老百姓的壓力，但擁核則是美國暗中指揮。十幾年前，日本進口過量的鈾跟鈽，當時這條運輸船在海中受到綠色和平組織的抗議。對此有人懷疑日本暗中製造核子彈，而這背後當然是美國所默許的。以美國這種「產軍複合體」，要是能夠多多外銷賣武器，國家自然獲益匪淺，換言之，和平對於軍火外銷是不利的。前一陣子，北韓向南韓發射飛彈，使得美國認為有機可乘，但日本因海嘯引發核電廠災變，迫使美日韓三國軍事演習不得不停止。核災固然令人同情，但也讓東北亞暫時穩定下來，畢竟軍事演習只會造成各國之間的緊張。

人類文明的進程中，為了工業發展和戰爭，往往發明很多怪物，而這些怪物也逐漸在控制人類。例如，製造武器，互相殘殺，而核子發電廠則變成無法預測的未爆彈。如今爲了和平，爲了解決安全問題，是有必要重新看待歷史，因此《廣島末班列車》是一本極有參考價值的好書。

日本作家的寫作經濟學

■英國也推出吉本芭娜娜《廚房》英譯本

文人向來讓人有窮酸的刻板印象，因爲出版向來不是火紅產業，而書籍也非民生必需品，無法和柴米油鹽相提並論。不過，書籍具有各種優點，例如在寒冷的冬夜，一本小說可以發揮撫慰讀者孤寂的心靈。書籍更可以提升文化，促進社會發展。如果說文人的生活一向苦哈哈，整天擔心生活出問題，這句話只說對了一半，因爲從歐美世界來看，兩百多年前早有作家因創作而致富，例如英國的狄更斯、法國的歐仁蘇、大仲馬、美國的庫柏等人。二戰之後，先進國家經濟相繼起飛，文壇中更誕生不少富翁，如納博可夫、傅敖斯和《哈利·波特》作者羅琳。

其實，日本也出現許多暢銷作家。媒體每年總會報導作家繳稅榜排行的前十名，如早期松本清張、司馬遼太郎以及當代的宮部美幸、江國香織、東野圭吾、村上春樹、吉本芭娜娜、西村京太郎都曾經上榜。值得一提的是，國民作家司馬遼太郎的遺產竟然高達二十六億四千萬日幣。

二戰後，日本文壇展現源源不絕的活力，究其原因，出版機制十分成熟，加上編輯和作者的良好互動，更留下不少有趣的故事。有些大出版社寧願繼續虧錢，但目標就是要支持創作，一九九〇年代泡沫經濟浮現之後，《新潮》雜誌虧損九億日幣，直到這幾年才開始好轉。

日本暢銷作家很懂得企業化經營，他們跟一些知名漫畫家一樣，開設事務所，以強化寫作效率，例如，宮部美幸和西村京太郎都聘請一群助手。一開始作家擬定主題、情節大綱，然後由他們找資料、撰寫故事的片段，最後由作家潤稿修飾文字，並將整部小說串連起來。其實，這種運作方式未必是日本所獨創的，十九世紀中期法國小說家大仲馬就曾經創立「小說工廠」，難怪他一輩子可以生產一百多部長篇小說。

在日本文壇中，編輯跟作者的互動，十分講究人情義理，百年來留下不少佳話。例如，大正時期，文藝春秋社長菊池寬經常照顧芥川龍之介，而定居大阪的谷崎潤一郎年終到了，總會到東京向出版社老闆調頭寸。這種優良的傳統一直延續到戰後。編輯平時照顧作者，出書前先付一筆版稅，讓作者不用擔心生活問題。要是作者提出寫作計劃，編輯通常會支持，付一筆旅遊費用，甚至派一名隨行助理。例如，曾經推出《不夜城》的名作家馳星周，後來更推出《夜光蟲》，內容是描述台灣棒球賭博的故事，在書寫期間，出版社撥出一筆經費，並派一名口譯，讓他來台灣搜集資料，其中也包括出錢向地下管道購買資訊。

不過，出版社並非慈善機構，假設旗下的作品連連虧本，那根本無法經營下去。編輯通常要具備敏銳的洞察力，要是發現有潛力的新秀，總會大力培養。名作家東野圭吾在《科學嗎？》指出，他早期作品銷路不好，但編輯並沒有抱怨，反而強調只要將來出現像赤川次郎或西村京太郎這種的暢銷作家，就夠本了。顯然，編輯並非先知，命中率不可能高達百分之百，因此積極培養新銳作家是必要的。

回顧過去，作家願意埋首於創作，著作權、高額版稅、文學雜誌都是關鍵因素。自從明治維新以來，日本在各方面都向西方學習，即使文學創作也不例外。一開始，作家大多先將作品在雜誌連載，然後再出書。這種運作方式頗像歐洲十九世紀的文壇，例如，法國的巴爾札克和英國的狄更斯也都先後把作品刊登在報章雜誌，然後再集結出書。日本出版界也承襲歐洲的做法，一旦出書，就簽訂出版合約。有的版稅稅率竟高達二十五%，如森鷗外《水沫集》，而夏目漱石《鶉籠》也有十五%。顯然，作家的作品和收入能夠有保障，要歸功於一八七六年日本著作權法的出現。

其實，職業作家的收入十分不穩定，如果缺少出版社的支持，恐怕會喝西北風。早期的現代作家往往要有專職，而趁下班之餘，才提筆創作。例如，夏目漱石從英國留學回來，一開始任教於東京大學，其間完成《我是貓》，但後來辭掉教職後，轉到朝日新聞社工作，薪水連跳三倍，加上該報也願意連載他的長篇小說，這一來收入節節升高。至於因《舞姬》而成名的小說家森鷗外本身則是一名陸軍軍醫，也有一份固定的收入。

到了二十世紀初期，日本的雜誌開始蓬勃發展。尤其是知名的《文藝春秋》雜誌在一九二三年正式創刊，由小說家菊池寬所一手主導。接著他又創辦《オ―ル讀物》。菊池寬跟芥川龍之介、川端康成同是大正時代的作家。不同的是，他不但寫了很多暢銷書，而且擅長於經營管理，所以本身手頭十分寬裕。他爲人十分慷慨，平時常拿錢贊助一些作家，像川端和芥川便經常受到他的周濟。菊池寬擔任文化學院文學系系主任時，也聘請川端康成開了一門創作課，同時推薦他擔任日本大學的講師。

川端康成對於文學創作投下不少心力。一九三三年，他和豐島與志雄、宇野浩二、廣津和郎共同創辦《文學界》雜誌，以維護自由創作為宗旨，並反對政治干預文學。目前，《文藝春秋》、《オール讀物》和《文學界》都隸屬於文藝春秋社。值得一提的是，在芥川獎和直木獎揭曉後，《文藝春秋》和《オール讀物》刊載得獎者的作品和對話。此外《文學界》平時也網羅不少名作家來撰稿，如山田詠美、川上弘美。

芥川獎和直木獎這兩個文學大獎都是由菊池寬在一九三五年所創立的，宗旨就是鼓勵作家。這兩個獎每半年舉辦一次，因此每一年會誕生兩個直木獎和兩個芥川獎的作家。以芥川獎為例，早期的石原愼太郎就曾以《太陽的季節》獲獎，而名作家東野圭吾則以《嫌疑犯X的獻身》獲得直木獎。坦白說，文學獎也是出版社的促銷利器，過去只要得到這兩個大獎往往是銷路的保證。直木獎的門檻比較高，一位作家至少要有五本作品，才有資格參賽，所以文壇新秀只好等待日後的累積，不過芥川獎可以稱爲「出版護照」，因爲一旦得獎，將來的作品根本不用審查，就可以直接發印，然後等著上市。

然而，有些不起眼的小獎也獲得讀者的青睞，例如福武書店旗下的《海燕》雜誌所舉辦的「海燕新人文學獎」在一九八七年頒給吉本芭娜娜。而她的得獎作品《廚房》則成爲讀者有口皆碑的暢銷書。至於川上弘美也因《老師的提包》而獲得山本周五郎獎，而此書也是暢銷書。其實，日本很多文藝雜誌往往是出版社的機關刊物，這跟出版有關係，一開始先讓作家的新作品在雜誌刊登，接著再出精裝的單行本，要是銷路不錯的話，便會改以「文庫本」的形式上市。雜誌也會舉辦文學獎，像講談社旗下有《群像》，而村上春樹的早期作品《聽風的歌》曾經榮獲「群像新人文學獎」。日後，他也經常在該雜誌撰稿。後來，一九七六年，村上龍也因《接近無限透明的藍》榮獲此獎。至於其他知名的文學雜誌還包括新潮社的《小說新潮》。

日本作家往往有置之死地而後生的決心，像東野圭吾、唯川惠、宮本輝、小川洋子早年都是上班族，一旦決心創作，便辭掉工作，當起職業作家。例如，宮本輝曾在廣告公司上班，本身喜歡閱讀，某日，看到一本小說之後，覺得這種故事，他也可以寫。於是決定走上創作一途，他太太得知後，面有難色，但他說服太太給他三年時間，要是失敗，那就再回到職場。一動筆之後，宮本輝先在同仁雜誌發表作品，也由於一些文壇好友的激勵和建議，可以時時磨練自己的文筆和創作技巧。最後他終於順利進入文壇，當起職業作家。他的名作《道頓堀川》，內容敘述大阪小人物的悲歡離合，十分感人，後來還改編成電影，由松坂慶子和眞田廣之領銜主演。

此外，日本小說的題材變化多端，這要歸功於出版物十分多樣化，加上發達的翻譯產業。換言之，作家未必懂得外文，但如果本土參考資料和翻譯書籍十分豐富的話，題材便可以深入而準確。例如，名作家鈴木光司曾經推出《光射之海》，內容敘述一名精神病患的故事，在書寫過程中，就參考很多涉及精神病理的書籍。

看來，日本出版界的成熟機制，對於提升創作力功不可沒，而作家更持續維持本身的專業創作。

17 山崎豐子與松本清張

日本老派作家的書寫特色

二戰之後，日本出現了松本清張和山崎豐子，前者以《砂之器》飲譽文壇，後者則以《白色巨塔》而成爲超人氣的小說家。目前，這兩位作家可以稱爲日本的老派作家。他們跟年輕作家的差異在於，動筆之前往往下了很大的準備功夫。例如山崎豐子在書寫《白色巨塔》之前，親自到醫學院去當旁聽生；在撰寫《女系家族》之前，她聘請了一位法律專家傳授一年半的「繼承法」。此外，她的敘述手法也高人一等，在《女人的勳章》中，她以寫實的手法，敘述日本關西服飾界的你爭我奪，筆法細膩，人物之間的對話也活靈活現，使人打開第一頁，就欲罷不能。

■《女系家族》探討女性權利和法律的關係

在書中，女主角大庭式子出身於大阪船場的大戶人家，但因二戰的一場大火，使得她父母雙雙去世。爲了復興家業，她運用手邊的積蓄在一九四九年開設裁縫教室，在事業版圖擴大之後，便成立「聖和服飾學院」。然而，式子難免要面對服飾界前輩的打壓，幸好另一位兼課老師銀四郎的協助，才得以應付這些前輩。銀四郎雖然是教授法文的老師，同時幫忙式子翻譯法文時尚雜誌，但不久便當上學校的理事，同時一手掌控學校的事務和會計。顯然，他是一位充滿心機和強烈企圖心的商人。

銀四郎的眼光十分銳利，因爲他早就看穿式子大力的欲望和弱點。首先，他提議砸下大筆廣告費，因此吸引很多人前來報名。加上在擴建校舍更出了不少力。這種種亮麗的表現，更讓式子十分滿意。銀四郎最終的目的就是要完全掌握聖和服飾學院的主導權，但他也是一位花花公子，除了醉心於權力之外，更有征服女性身體的強烈欲望。在他的

■《女人的勳章》探究時尚和名利的糾葛

眼中，除了大庭式子之外，還有津川倫子、坪田勝美、大木富枝等三位老師也是他獵取的目標。他能夠順利地玩弄這四位女人，當然是他看出她們之間的鉤心鬥角和矛盾，從而運用聖和學院的利益來和她們交換肉體關係。

在銀四郎不斷的操弄下，聖和服飾學院內部的鬥爭日漸激烈。其實，在山崎豐子筆下，大庭式子跟這三位老師暗中不斷地較勁，她們互相窺探、敵視、嫉妒。作者善於運用她筆下的角色來充當代言人。首先，在大庭式子參加第一次服裝發表會之後，媒體記者曾根英生在採訪時對她說：「看來各家報紙對您的設計都很感興趣，不過以後您可要忙得應接不暇呢。因爲不管在什麼領域，每個新手都難免要被捲進荒謬的毀譽與褒貶的漩渦中去。而且八代銀四郎這個人腦筋動得快，又擅於鑽營，只要他登場，這個漩渦就會攪得更快，到時候您一定要保持冷靜，若是跟他一起攪和，很快地就會喪失自我。」接著，一位獨來獨往的設計師伊東歌子有一次邀她觀賞棒球比賽，藉機對她說：「……要在充滿虛榮、嫉妒和算計的女人圈的世界裡存活下去，實在不容易啊！在這之前，妳只是站在圈子之外，但現在妳自己主動投進這個漩渦中了。」

然而，最精彩的是，大庭式子跟白石教授的感情互動。在東京服裝發表會之後，式子跟白石教授約會時，白石就點出她的變化，並且刻意強調：「每個人難免都希望以某種形式獲得別人的肯定，問題是，這種方式若稍有偏差或過於極端，那他的人生也會跟著誤入歧途。比如，有人把名聲和財富像動章般配戴在胸前，但若亂配戴一通，其實是沒什麼意義的。」顯然，白石教授暗示大庭式子已經在日本的時尚界迷失了。

式子後來爲了獲得法國設計師朗貝爾的服飾造型的授權，親自遠赴巴黎洽商。一開始並不順利，但背後因爲白石教授的鼎力幫忙而得到授權。顯然，對式子而言，法國之行是一種生命的新體驗。一來遠離日本的時空，可以重新面對迷惘的自己；二來希望跟白石教授有一份眞誠的互動，因此這讓她急於趕到里斯本跟他會面。在他鄉異國，兩人開始有一段感情的的交流，但白石教授過去因爲太太自殺而頗爲內疚。

白石教授固然是一位老派學者。當他得知式子跟銀四郎那段複雜糾葛的感情之後，決定不計較過去，從而跟式子共同創造未來。同時，式子對於白石教授也想交代得一清二楚。最後，三個人展開談判。首先，白石教授希望銀四郎不要再介入他跟式子的感情，因爲他將要跟式子結婚。而式子表明願意把聖和學院的經營權讓給銀四郎，以希望銀四郎成全他們的未來。但銀四郎還是想牢牢掌控式子，並揚言只要式子一離開，必然是債台高築，因爲他暗中以校產爲抵押向銀行借了很多錢。此時，白石赫然發現式子是一位十分愛慕虛榮的女人，而且身陷時尚的浮華世界而無法自拔，因此，決定跟式子斷絕關係。式子面對事業和愛情都落了空，最後走上自殺一途。

式子的自殺，對銀四郎來說是最大的失算。但不知羞恥的銀四郎爲了逃脫罪責便跟煽情的媒體，虛構了一個有關式子自殺的故事。《女人的勳章》這本長達八百多頁的小說，讓人看到日本時尚界浮誇的一面。在作者看來，不好好從事創作具有創意的作品，而只是追求媒體光環下的虛名浮譽的確顯露時尚界的負面形象。就時間點而言，本書內容呈現一九六〇年代時尚界的點滴，不過，還有一位還有擅長書寫長篇的作家，同樣也是以批判性的眼光，反映當時的社會現實。那就是《砂之器》的作者松本清張，此書出版前曾率先在一九六〇年讀賣新聞晚報連載。

■文藝春秋社紀念松本清張的文集

《砂之器》這部作品出版前，率先在一九六〇年《讀賣新聞晚報》連載。故事的起點設定在龜嵩，主角和賀英良的父親是麻瘋病患，也是受到社會排除的「異類」，他從小跟隨父親到處流浪，過著遭人冷眼的日子。他父親進入麻瘋病院後，便成爲孤兒，後來龜嵩一位刑警三木謙一收留他，當起他的養父，但他突然離家出走，改名換姓，讀了大學，當起鋼琴演奏家，擠入上流階層。在功成名就之後，認識農林部長的千金，後來更論及婚嫁。也許是造化弄人，有一天他的養父得知他在東京開音樂會，便在結束後，到了音樂廳的門口等他。表面上他跟養父相認，於是到一家酒館用餐，言談中回憶過去的點滴。不過，兩人用完餐點時，和賀英良竟然動手殺死這位極力照顧他的養父。

隔天，屍體被人發現後，今西刑警和助手便開始負責辦案，經過不眠不休的努力，終於將兇手逮捕。我覺得此書最有趣的是，今西刑警在警局報告破案的經過，就像一位說書人，把這樁殺人案的整個來龍去脈一五一十地敘述出來。《砂之器》曾數度搬上銀幕，即使到了二十一世紀還被改變成偶像劇，可見這部小說確實可以登上經典的地位。

如果不曉得松本清張的來歷，會以為他是學富五車的文學博士，其實他只有小學畢業，長大後曾經到印刷廠擔任學徒，後來進入《朝日新聞》九州分社廣告部工作。值得一提的是，他四十二歲開始踏入文壇。他經由堅強的意志力和自修，四十年的寫作生涯，總共有六百篇故事。

■平凡社推出介紹松本清張的雜誌書

■《花暖簾》中譯本也在台灣上市

一九五〇年以〈西鄉札〉這則短篇故事獲得《朝日新聞》「百萬人小說獎」。一九五三年元月四十四歲，榮獲芥川獎。坂口安吾的推崇，稱他文筆老練。

評論家喜歡將他歸類爲社會派推理小說家，但過去幹過推銷員，奔波於日本各地，對於風土人情耳熟能詳，一旦動筆寫小說，則是將空間擺在鄉下，例如，《點與線》的故事發生在福岡，至於《零的焦點》則在石川。其實，一九六〇年代以來，日本呈現高度經濟成長，雜誌舉目可見，雜誌《旅》便開始連載他的《眼之壁》，其目的就是吸引讀者從事旅遊，但另一面反映作家對於鄉土的愛好。

當時，松本清張早已是知名的暢銷作家，但文壇難免還是有異樣的眼光。一九六四年，中央公論社以「日本文學」爲題，推出作家個人全集，編輯委員有谷崎潤一郎、川端康成、三島由紀夫等文壇大老，其中三島認爲清張的文筆十分粗雜，因此將他排除在外。對此，他固然覺得受到羞辱，但也不認爲純文學是至高無上的。

身爲作家當然需要創造力、文筆和想像力，但本身基於作品大爲暢銷，使他有雄厚的財力培養蒐集資料的癖好。就這一點而言，是一般作家所難以企及的。清張每個禮拜總會到神保町的古書店蒐集資料，即使晚年生病住院，偶爾也會搭計程車溜到書店去享受淘書的樂趣。他也撰寫歐洲史和日本古代史的考據研究，因此也有資格擔任考古學家和人類學家。

顯然，從《女人的勳章》和《砂之器》就可了解日本老派作家的書寫特色。

18 星新一

浴火重生的作家

古今中外的作家往往創造許多傳奇故事。讀者很難想像一家大藥廠老闆出了問題，卻讓他後代蛻變成馳名世界的作家。過去，日本就曾經誕生了一位叫星新一的作家，其作品伴隨許多日本學生一起成長，因爲他的一些作品收錄在中小學的教科書裡。星新一家裡開設「星藥廠」，日治時代曾經進口嗎啡到台灣。他從父親手中接下經營權，藥廠已經負債累累。星新一每天面對一堆無法兌現的支票，不免愁容滿面，後來決定辭掉所有職務，並將藥廠頂讓出去。

他本名叫星親一，但爲了擺脫過去的陰影，便以「星新一」當作筆名，意思是以新的面貌面對自己的生命和社會，至於「一」則是身爲作

■《小說新潮》雜誌推出星新一紀念特輯

■星新一的短篇集大都由新潮文庫推出

家必須從第一篇創作開始出發。令人敬佩的是，他一開始就雄心萬丈，目標就是要寫完一千零一篇作品，才肯罷休。果然他晚年終於圓滿達成。回顧過去，阿拉伯世界透過集體創作才完成《一千零一夜》，但星新一竟然單獨一個人完成，難怪他在達到這項創舉時，日本各大文學雜誌爭相刊載他的作品。

雖然他主修農學，但從小喜歡閱讀，尤其是科幻作品，長大後酷愛美國科幻作家雷・布萊德伯利雷（Ray Bradbury）和布朗（Frederic Brown）。他卸下家中重擔之後，乃開始撰寫科幻短篇故事，並獲得推理作家江戶川亂步的推崇，並在《寶石》、《宇宙塵》雜誌撰稿。他也參加「飛碟研究會」，因此他很多短篇故事往往以外星人為主角，雖然故事頗有超現實的色彩，但故事的深意依然是社會百態。

他的作品漸漸傳開之後，大阪的廣播電台將他的作品改編成廣播劇，而這位在電台朗誦的主持人就是日後跟星新一交情深厚的小松左京。小松後來更撰寫馳名遠近的科幻小說《東京沉沒》。此外，他跟《富豪刑警》作者筒井康隆私交甚篤。星新一的作品充滿童趣，以致於逝世後，筒井康隆指出，星新一的作品簡直可以比美歐洲的安徒生和格林的童話作品。其實，他也是馳名世界的作家，因爲很多短篇故事曾經被翻譯成十幾國語言。

他的作品台灣讀者應該不陌生，因爲《盜賊會社》、《有人叩門》、《快樂的地球人》都有中譯本。在《盜賊會社》中，其中一篇「善意的累積」寫得十分精彩，內容雖然是一位賣花女，但卻呈現社會中排除的構造。一開始，波普星的外太空人降臨地球，企圖施加攻擊，但巧遇一位賣花的盲少女，因爲她天眞又善良，所以不管好人壞人都對她很好，這時外星人帶著高密度的測謊機，問她地球人是不是很善良？她回答是的，外星人發現她並沒有說謊，於是將地球列爲「和平愛好者之列」。外星人爲了善待這位盲少女，將她帶回波普星，一到這個星球後，外星人以高度醫療技術治好她的失明，但她目睹自己的身體跟他們一比，卻變成異類，於是他們又將她整型成跟他們一模一樣——四隻手，四隻腳。不過，外星人擔心她想念家鄉，乃送她回地球，最後她自殺。其實，這則故事的意義在於呈現異形的身體，是很難被接受，尤其是在不同的時空環境。

■星新一名作《有人叩門》也有中譯本

星新一每每在作品中運用科技來諷刺人類的欲望。在「慷慨之家」中，主角N氏某日在家中碰到強盜入門打劫，有趣的是，N竟然大方地打開金庫，讓這名搶匪拿走金幣跟硬幣，即使還要求N提供一個手提袋裝這些金銀錢幣，N二話不說立刻拿出來。等到強盜一出門，卻掉入地洞。原來，N在門口設有一個附有重量錶的防盜裝置，要是有人進來跟出門一比，重量增加，地洞會自動張開，讓這個人掉入陷阱。如此一來，N氏就要求對方寫起犯罪自白書，以便日後幫他無償推銷這個防盜裝置。

在高度文明社會，日本的上班族，往往過著冗長而無聊的半輩子，即使有了婚姻仍然覺得苦悶異常。於是星新一就利用這個題材，加以發揮，例如這些題材包含告發同事、太太請人暗中調查丈夫在外面的作爲、太太的誤解。

在「漫長的人生」，日本上班族N氏從大學畢業就到公司上班，一直到五十五歲還是股長，某日在酒吧遇到一位陌生人，一喝酒便無所不聊，於是N氏在沒有提防下，大罵公司主管和董事，後來對方竟然將他的批評錄音下來，並寄給公司高層，於是N乃被降爲普通職員，其實這位告發他的陌生人就是他公司的同事。這一來，他被升遷爲股長。

星新一在作品中呈現上班族一旦有種種欲望，就很容易掉入對方的陷阱。例如在「艷遇」，無聊的上班族巧遇一位妙齡女郎，於是開始跟她談情說愛，幾次約會之後，就更加具有信心，但最後發現原來這位所謂的女朋友竟然是徵信人員，背後是由他太太所聘請的，目的是要調查丈夫是否在外面有不倫之戀。

看來，男人的地位跟思考在星新一的作品中極爲有趣但又很卑微。即使是擔任國家高級情報人員，可以時時破解敵國的密碼，某日晚歸，受到太太的質問，丈夫據實以告，但太太還是相信丈夫根本是在編故事而已。看來，即使在外面是一條龍，但回到家則變成一條蟲！

至於《快樂的地球人》也是一本精彩的短篇故事。在「我是職業殺手」中，護士從醫院竊取病歷，得知病人的資料，原來這位護士就是職業殺手。「被偷的文件」中敘述F博士平時研發新藥，悶不吭聲，故意讓小偷拿走，其實是免費要這名小偷試藥，有趣的是，這種藥居然具有能夠喚醒良知的功能。而「神秘的青年」：私自挪用巨額公款，到處幫忙那些無助的老百姓，後來被長官發現，但又怕曝光，於是將他當成神經病患送醫院治療。

星新一有許多跟別人不同的創作竅門，例如，他經常在筆記本中寫出一些名詞，如幽靈與催眠術、分期付款與殺手、友情與動物園等。一旦要開始創作時，他便將這名詞所蘊含的內容串成一則短篇故事。有趣的是，星新一喜歡每個禮拜都有創作的快感，因爲花上幾天寫完一則故事，心中就很興奮，也難怪對於撰寫長篇，則興趣缺缺，因爲書寫長篇總要耗費很長的時間。

顯然，星新一創造一千零一篇的傳奇故事，大多以幽默諷刺的筆法，諷刺社會百態，有寫實手法，也有超現實的手法，不過他很喜歡以外星人爲主角，以推動故事的發展。二〇一〇年新潮社爲了紀念他的創舉，出版他的全集，並以精裝本面貌問世。不過，新潮社仍然隨時推出他的文庫單行本，如《我的國家》、《聲音之網》都是日本讀者耳熟能詳的作品。

■為了吸引銀髮族，文庫本推出大字本的《聲之網》

19 川本三郎《我愛過的那個時代》

眞情的告白

《我愛過的那個時代》就是作者川本三郎對於青春時代的告白。

一九六九年四月，作者進入朝日新聞社擔任記者，先後任職於《週刊朝日》、《朝日雜誌》。顯然，他所處乃是學運當道的六〇年代，一開始認同抗爭運動所散發的熱血，因此極力要做個硬派記者，到抗爭的現場報導學生的一舉一動。在多年的採訪過程中，先後面對很多「全學連」主將，甚至後來的赤軍連分子。尤其是，採訪到一位叫K的思想犯而有積極互動，但K後來犯下殺害自衛隊軍官事件，並把殺人證據——死者的臂章——交給作者，但他爲了顧及職業道德，湮滅證據，以致遭到判刑。

■一九六〇年代，日本的街頭抗爭

作者隱忍十幾年，終於完成《我愛過的那個時代》，內容就是整個事件坦白交代，並且評論六〇年代的點點滴滴。川本三郎是日本知名的評論家，對於西方文學知之甚詳，因此本書頗像西方的告白文學。過去，奧古斯汀和盧梭都寫過《懺悔錄》，而左派學者也曾出書批判自己，例如法國的路易・阿圖塞（Louis Althusser）和埃德加・莫蘭（Edgar Morin）也寫過《自我批判》。內心有魔咒的存在，總是需要語言文字的呈現，才得以解除。顯然，作者的青春、理想、困惑、絕望、罪惡感也因爲此書而讓他的精神得以再度復活。

不過，要了解本書，熟悉日本六〇年代是有必要的。二戰之後，美軍進駐日本，開啓了美日的結盟關係。但正當日本重建時，年輕人並非沉溺於消費名牌商品，而是投注於各種抗爭，如反越戰、反體制、反美國帝國主義、反成田機場建設。當時的抗爭主力就是充滿活力的青年學子。學生在社會階層中一直處於邊緣，他們往往受到漠視，更不用說權益。他們在學校中經常接觸到各種新興思潮，以至於對於國際現勢、政治、社會的各種問題較爲敏感。難怪，最富於改革和抗爭的一群要算是年輕人。

自日本大正時期以來，左派學生早已形成一股勢力，在戰爭期間受到軍國主義政府的壓制，但戰後立即發揚馬克思主義的傳統。他們認爲抱著書本，並不是很踏實的作風，因此如何展開具體實踐乃是最重要的課題。此後，很多高中生和大學生開始跟日本共產黨互通聲氣，同時各地的學生會也展開全國大串連。然而，經過時間的推移，他們發現日共的獨斷作風，儼然形成一個小體制，處處要弄權力，使得他們的抗爭難以伸展，同時國際共產陣營的變化，更連帶地影響兩者之間的關係。

例如，一九五六年二月，蘇聯共產黨第二十回大會，赫魯雪夫針對過世的史達林展開批判，到了十月更派兵大舉鎮壓匈牙利。對此，支持蘇聯的日本共產黨也難逃學生的質疑和批判。這一來，支持日共的學生黨員乃和這個組織漸行漸遠。強調自主性的青年學子便加緊腳步在各地積極串連。當時，最具活力的組織當推「全學連」，而他們最大的貢獻就是「安保鬥爭」。

所謂「安保鬥爭」，顧名思義就是爲了阻止日美安保條約的修訂而展開的反帝、反政府的鬥爭。一九五二年，日本和美國在舊金山締結「日美安保條約」，文中明訂美軍可以繼續駐留日本，這就是因應當時的全球冷戰結構，其目的就是加強兩國的合作，以繼續鞏固資本主義體制。一九五七年，日本更同意美軍可以更新武器，於是首相岸信介公開聲明「日美新時代」的來臨。接著，便是準備簽署修訂版的「安保條約」。不過，內閣的這項舉動卻激起日本民眾和學生的大力反對，因爲一來日本政府的主體性蕩然無存；二來日本隨時會再陷入戰爭的火坑。

此後，一波波的抗爭活動相繼爆發。以全學連爲主體，加上勞工大眾共計兩百多萬人大舉上街抗議，而日本政府也派出大批警力，以便大舉鎮壓。令人驚訝的是，一九六〇年元月十日，爲了抗議美國總統艾森豪訪日，群集街頭的人數竟然高達五百八十萬人。此後接連的抗爭持續進行，但不幸的是，元月十五日在衝突過程中，東京大學女學生樺美智子遭警察的棍棒打死。這個事件非但激起民眾學生的憤怒，而且東大校長更嚴詞批判警察執法過當。這一來，給予政府和警方不小的打擊。大家對於政府的反感立即升到沸點，而學生所散發的反戰和反體制的訴求更獲得民眾示威鼎力支持。

作者身處的一九六〇年代，除了抗爭之外，也激盪出文化的火花。他們聽搖滾樂、觀賞有關不良和嗑藥的電影，如《午夜牛郎》、《逍遙騎士》。而學生也經由小劇場的演出展開抗爭，像唐十郎的「狀況劇場」、佐藤信的「黑帳篷」。值得一提的是，他們的演出並未獲得批准，於是到處受到驅趕，例如，狀況劇場就曾經在新宿公園一邊被警察追，一邊在車上演出，而觀眾也跟著跑來跑去，因此創造出一齣別出心裁的前衛劇。這齣戲碼其中一位演員就是作者在書中提到那位叫「麿赤兒」的怪優演員，平時經常坐在他隔壁公寓前膝上抱著貓在曬棉被。後來，麿赤兒自組「大駱駝艦」劇團，十幾年前曾經到台北演出《死者之書》，大獲好評。

其實，在初期的抗爭中，連現場採訪的媒體記者也伸出援手，正如同作者指出，在採訪成田機場建設反抗活動中，TBS電視台記者的提供採訪車給農民搬運「武器」的「方便」。這事情被發現後，「記者能涉入對方多深」成爲採訪反體制運動記者經常面對的課題。接著，他說：「比我資深很多的前輩記者們曾經談起，六〇年安保時，用採訪車載被警察用警棍打得傷痕累累的學生們到醫院去的經驗，不過那還是在人道上大義名分站得住腳的立場，算是好的狀況，某種意義那還是牧歌般的時代。」

所謂「牧歌」就是一搭一唱，民眾、記者、學運分子大家相互支持，但後來抗爭運動卻開始變質了。有些學運分子竟然到處丟炸彈、甚至到水廠下毒而危及老百姓的生命安全。其背後原因乃是基於權利鬥爭和路線之爭，其中學生團體更產生「赤軍連」。這個組織強調軍事武裝鬥爭，也企圖向第三世界輸出革命。此外，還會運用權力處決內部的「叛變分子」。一九七二年二月，赤軍連以「反共產主義」爲名處死十二名同志，但同月十七日，以森恆夫、永田洋子爲首的分子遭到逮捕。而另一批以坂口宏爲首的六名殘餘分子，於二月十九日逃向長野縣輕井澤的河合鋼琴保養所「淺間山莊」，劫持管理員夫人牟田泰子充當人質。當時，警方出動一千五百名警察將建築物團團包圍。

經過十天的對峙和槍戰，警方於二十八日展開攻堅，救出人質，並逮捕這些赤軍連分子。當時，NHK從早上九點四十分到晚上八點二十分現場轉播這場激烈的槍戰，收視率竟高達九十八・二%。顯然，民眾對學運的惡質化開始產生極大的反感。

但對於作者而言，在淺間山莊事件之前，他對於K殺害自衛隊軍官也慢慢產生「討厭的感覺」，正如同他引用哥哥的話——「（殺害自衛官）那個事件，我總覺得是個很討厭的事件，就算有信條的不同，但安田講堂事件、越南反戰運動、三里塚農民反對機場建設事件，都沒有討厭的感覺。但這次事件卻總是有討厭的感覺。」而面對淺間山莊事件，作者認爲「自己所夢想的東西，化爲泥濘完全崩潰解體。」看來，他跟哥哥以及一般民眾的觀點逐漸一致。到了七〇年代末期，學運逐漸消聲匿跡，同時日本的經濟正急速成長，而正式宣告消費社會的來臨。

綜觀本書，我十分欣賞作者書寫過程中坦率而客觀的態度，就像他指出：「事件經過十年以上，我總算開始覺得或許能把自己的事件稍微隔一段距離、客觀地寫出來的時期了。」接著，他說：「被朝日新聞社免職，從此成爲一個自由文筆者，對自己的事件也有不得不自己做一個了結的義務。」本書曾在《Switch》雜誌連載，一九八八年結集成書，由河出書房新社出版，而二〇一〇年再由平凡社推出上市。同時也改編成電影，「我」由妻夫木聰飾演，K則由松山研一飾演。

多年來，台灣引進日文小說總是限於推理、愛情、時代小說，除了村上春樹的作品外，很少涉及一九六〇年代的學運題材。本書結合安保鬥爭與文學告白，而台灣曾爆發「野百合學運」，將來有意書寫此類題材的作家，必將可以從中吸取養分。

20 邱振瑞

台灣專業作家的秘密

記得千禧年前後初識振瑞，地點是台大附近的明目書店。一開始得知他曾經赴日本深造，主修日本文學，回到台灣後，便立志要專心寫小說，但身爲作家，也需要一份收入，於是就到一家出版社擔任總編輯。二〇〇二年，他告別這份朝九晚五的工作，開始翻譯日文作品。顯然這是台灣讀者的福氣，因爲一些日本作家如松本清張、山崎豐子、宮本輝的名作能夠以中文版問世，都是出自他的譯筆。

如果你是松本清張跟山崎豐子的粉絲，那你一定知道邱振瑞這個名字。身爲作家固然推出好作品，但總不能夠要求每位讀者都深諳外文，因此翻譯家的職責就頗爲重要。古人做好事就是造橋鋪路，但在文學世

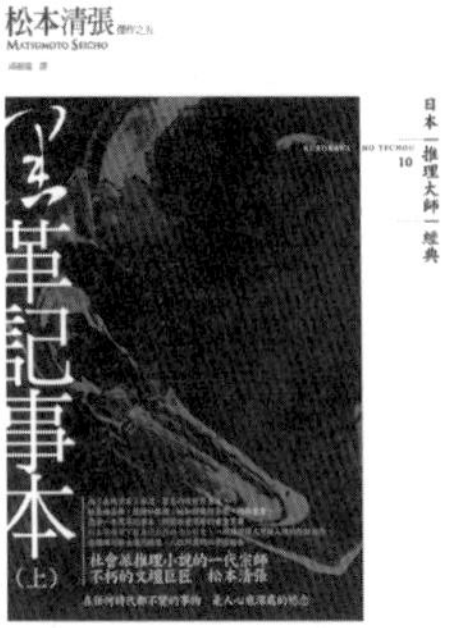

■邱振瑞翻譯此書查了很多資料（獨步文化）

■《女系家族》中譯本也由邱振瑞搞定（麥田出版）

■邱振瑞也翻譯歷史著作（行人文化實驗室）

界翻譯家同樣是做善事，因爲翻譯就像鋪了一條橋讓異國作品順利過渡到自己的語文世界。翻譯這兩位作家的作品，其實是一件苦差事，往往爲了某一個行業的術語，找資料就要花個一兩天，才能夠翻成適合的中文。這一來，出版社編輯總願意耐心等候，即使花個一兩年也無所謂，因爲他的譯筆是有口皆碑的。

法國作家紀德指出，每一位作家應該至少爲自己的國人翻譯一部外國作品。顯然，邱振瑞履行了職責，但他還是有志於創作。於是《菩薩有難》這部短篇小說集便跟著問世了。《菩薩有難》是由十則短篇故事所構成的，雖然題材不一，卻可以發現一些共同點，首先，作者在敘述故事時，善於把兩件不相關的事情結合起來，到了結尾往往呈現一種意外的結局。其次，本書也具有強烈的社會意識和歷史感，這顯示作者的人文關懷以及豐富的人生閱歷。

至於作者的敘述手法，反諷的技巧處處可見。例如，〈菩薩有

■邱振瑞的第一部短篇作品集（商周出版）

難〉敘述田僑杜易生因家裡土地受到建商的青睞而致富。他從父親手中分到一千兩百萬，於是開設一家佛具店，供應佛像和神轎。他只是一味相信神佛會隨時保佑他，並沒有對生意的實務經驗下功夫。作者在故事結尾以反諷筆法，讓倉庫的佛像燒了起來，確實是形成強烈的對比。

杜易生的問題，在於做生意不能只依賴神明的加持，最重要的還是要落實做生意人的基本功——如成本管控、倉庫要通風、好好認清佛像和神轎的材質。其實一開始，杜易生便出了問題，如邀請一些客戶到大陸福建就花掉六百萬！此外，他也不懂得辨別材質的好壞，所以「宇宙至尊宮」的陳董才會向他抱怨他供應的神轎偷工減料。

至於〈葬禮〉也呈現另一種反諷。政治世家出身的郭院長一生為鄉里服務，無怨無悔。以他的背景，要出馬角逐民代或是地方官，應該是易如反掌，但他卻選擇繼續當醫生，以造福鄉親。不幸的是，有一天，他跟幾位好友到海邊游泳，卻不幸溺斃。然而，這位頗具醫德和醫術的郭院長，死後眞是不得安寧，背後在於政治人物的介入，因此他的遺孀郭夫人不得不遷就公公生前的秘書儲笙的安排——成立治喪委員會。

而這背後其實跟未來的選舉是息息相關的。換言之，這些政治人物利用「死人」以吸取更多選票。他們的嘴臉和言行是重點，而如何隆重地送郭院長走上人生的最後一程反而變成次要的！儲笙是舊時代的調查員，他那種無孔不入的力量確實讓人不寒而慄。郭家上上下下都受他一個人操控，即使郭院長死了，郭夫人也無法一手主導她丈夫的葬禮。

〈狗籠〉這篇故事不得不讓人回想過去一則有趣的綁架新聞。但寫小說跟新聞報導還是不一樣，畢竟作者運用巧思，將政治恩怨跟撲殺流浪狗結合爲一，使整篇故事妙趣橫生。人類總是認爲自己是最具有靈性、最聰明的動物，但人一旦被當成一條狗，而被關在狗籠裡，那眞的是「主奴易位」。正如同作者描述鄉長的感受——「沒有人知道黃鄉長被囚禁在狗籠裡的二十六個小時裡，內心發生了什麼變化。或許，他想到了人的意義；或許，他體會到狗的處境；或許，他有了新的頓悟。」

歸根究底，鄉長一天到晚企圖撲殺流浪狗，但因利益糾葛而被人關在狗籠裡，以致暫時變成一條狗。但作者將這兩件不相關的事情，經由「狗籠子」相結合，倒是令人拍案叫絕！最後，鄉長被釋放時，「幾百隻體色各異的野狗依勢跑了下來。牠們的步伐是歡愉的，一點也沒有惡意，彷彿是來歡送鄉長回家的。狗群愈來愈多。已經來到鄉長身旁的狗昂著頭搖著尾巴，伸出舌頭直舔個不停，那種感覺就像一個母親對著被噩夢驚哭、呵護孩子入睡時的親吻。」

作者平時對於創作的體驗，必定有所深思，例如透過〈聲音〉這則故事呈現創作的過程。主角呂伯來辭掉公司的業務經理，目的是實現當作家的理想。有一天，還夢到自己成了名作家，到處爲讀者簽名。他買了寫作指南來參考，但一下筆竟然只寫了兩頁。爲了能夠安安靜靜地寫稿，竟然向親友佯稱要去印尼的離島待上一陣子。

接著還罹患幻聽症——「他時常幻聽，總覺得有人在他的耳邊講話。有時候像吵罵聲，嚷個沒完。嚴重一點的話，整夜都不得安眠。有時候那聲音又像海浪輕拍岸邊，充滿愛情的呢喃。」後來，他的脖子甚至歪了一邊。

回到台灣後，某日，無意中走進一家變成廢墟的國民小學，忽然有一位男性的聲音穿牆而出。其實，作者所謂的「聲音」就是呂伯來心中的靈感。這位男性是在二二八事件被誤認是匪諜，最後遭到槍斃。接著還有一位自稱李小姐的聲音，她曾是電台的一位播音員，但在二二八事件的亂陣中，被一槍打死。這位男性強調：「我也不知道怎樣辦。但是依我之見，作家的責任在於寫出時代和人性的心聲，而不是關在家裡專寫那些言不及義的瑣事。給讀者希望和勇氣是很重要的。」

〈聲音〉寫出主角呂伯來對於小說創作的「執著」，雖然備受煎熬，從幻聽以至於脖子歪掉，但最後靈感不斷湧現。這種堅持至少健康的，但在〈那些土地都是我的〉中的主角鍾國仁對於土地的認知就流於「偏執」，最後被送入瘋人院。

〈襪子〉敘述袁文凱在健身房認識麗莎，他離婚已經兩年了，但跟麗莎的交談、送蕾絲短襪、約會，以至於做愛，這一切都讓失去男人雄風的袁文凱重新找到信心。麗莎的丈夫長年在大陸，很少回台灣。不過，隔天跟麗莎再度約會，但她卻爽約。性愛的歡愉，就像拜神的祭典，十分短暫，假如袁文凱繼續跟麗莎交往下去，過了一段時間，他又會覺得缺乏新鮮感。

作者善於用「偶然」來呈現男女關係，文凱和麗莎的結識是一種偶然，而〈人在東京〉中，寫到楊哲農前往東京進修，爲了生活到了「天天來大飯店」工作，過了一段時間從同事口中得知這家飯店也在從事色情交易。最後在偶然的情況下，發現童年的青梅竹馬張惠桂出現在他眼前接客，於是不免感到十分錯愕。

其實，書中有好幾篇故事都頗具歷史感，例如在〈幸福列車〉中，呈現一九七〇年代的相親方式，讀來讓人回味無窮，而〈吻〉則敘述士官長救了楊寬明一命，從而顯露舊時代也不乏一些具有人情味的老兵。至於〈遺作〉則讓人看到在政治高壓的年代，作曲家李文雄英年早逝的無奈。《菩薩有難》是振瑞的處女作，書中作品雖然是短篇故事，但每篇都值得一讀再讀。

作家一旦有個起頭，當然就無法停頓，因此他每天仍繼續創作，目前另一本短篇小說即將完成，而下一步更要挑戰長篇小說。然而，他並非只是聚焦於小說的翻譯，而是延伸到有關出版和編輯的領域。過去曾翻譯《這本書要賣一萬本》，而且翻譯名編輯見城徹的自傳《編輯這種病》。顯然，他的運作方式是值得學習的。一方面從事翻譯工作，照顧到自己的日常生活，但另一方面也能夠兼顧到自己的創作志業。

21

文學入門書
蔡源煌《從浪漫主義到後現代主義》

蔡源煌《從浪漫主義到後現代主義》能夠再版問世，不但具有時代的意義，同時也可以嘉惠許多學子。我曾在英文系任教多年，開始上課時，除了要求他們閱讀原文書之外，也建議他們先讀幾本以中文書寫的文學入門書。比如說，要是能夠了解「意識流小說」、「後設小說」的意義和書寫成規之後，在研讀文學的過程中，便可以事半功倍。

以小說爲例，作爲一個普通讀者，閱讀小說只要站在欣賞的角度，便可以獲得閱讀的樂趣。但身爲一位文學系的學生，則必須要熟悉行規和術語，方能具備研究的基礎。對此，作者蔡源煌教授曾執教台灣大學外文系多年，教學經驗豐富，文字又深入淺出，對於文學的詮釋每

■蔡源煌教授的暢銷名作

每能夠讓學生一下子就豁然開通。也因此，很多學校的老師樂於在文學入門的課程，以《從浪漫主義到後現代主義》爲教材。

其實，大學是創作的溫床。大學生未必只滿足於閱讀，因爲寫作往往是終極目標。如此一來，本書的諸多篇章對於寫作助益良多，如〈意識流——從刹那到永恆〉、《虛構與敘事》、〈後設小說的啓示〉、〈作者之死新詮〉等。

在西方文學史中，往往充斥各種主義，讓人如墜五里霧中，但經由作者的妙筆一揮，這些名詞，立刻一清二楚。在詮釋「浪漫主義」這個概念時，蔡教授指出，浪漫文學的特質可以用「解脫」兩個字來概括，它一則解脫既往的文學規格化做法，一則尋求人性束縛的解放，而浪漫主義的精神，誠如布雷克在「天堂與地獄之即結合」中所揭櫫的，便是要透過善惡兼容的觀點，解脫理性約束，尋求活力的脫羈。在政治上，浪漫主義影響了法國大革命，而在文學史上，浪漫主義是一次大規模的文學運動，其風潮遍及英法德、俄羅斯以及拉丁美洲。

然而，十九世紀的寫實主義和自然主義登場之後，便開始標榜反浪漫的路線。前者強調小說家應原原本本而精確的臨摹生命，而後者強調作家筆下脫離不了決定人性的兩個因素——遺傳和環境。顯然，要是陷入各種主義的論述泥淖中，則無法了解文學創作的本質。因此，蔡教授指出，透過文字所構成的世界，難免有虛構性的滲透，即使自然主義作家左拉主張要正視現實，但靠筆記本的一點點札記資料來寫，而要完成好多部的長篇小說，還是要靠虛構的手法。

對此說法，我以左拉《婦女樂園》爲例，來證明蔡教授的觀點。這部小說是以法蘭西第二帝國（1852-1870）爲背景，敘述百貨公司的消費文化。當時在塞納省長奥斯曼的巴黎大改造後，世界第一家百貨公司——「好商佳」正式亮相，左拉就是蒐集這家百貨公司的資料，才得以完成《婦女樂園》。然而，好商佳的老闆布希可在書中則變成男主角慕雷，至於女主角黛妮絲則是他所虛構的，而兩人的戀愛插曲也是作者編造出來的。一般而言，當我們閱讀小說總以爲，作品所建構的世界是跟外在的世界成等號關係，但蔡教授告訴我們，其實小說的世界往往經由文字所建構而成的，背後難免有小說家的主觀滲透。

蔡教授專攻英美現代文學，對於喬埃斯、吳爾芙、勞瑞等現代派作家的作品瞭如指掌。有些艱深難懂的文學概念，經由他的解讀，讀者便可以抓到重點。例如，在〈意識流〉一文中，他指出，意識流技巧的「美學」所標榜的是：漫長的回憶透過人物的追溯，一幕幕地呈現在腦海裡等於是讓他重新了解往事，而在最後的一瞬間得到嶄新的體會。喬埃斯稱這種體會爲「神悟」（epiphany）。頓悟一旦達到，就像星星顯現於天空中，它的方位所在也可以說是確定不移了。所以意識流作家認爲，剎那之間的頓悟所獲得的智慧是永恒的。

接著，他以吳爾芙的《達樂威夫人》爲例，強調描述人物在漫長的歲月之後，終於打開心中的結，小說也隨著人物在最後一瞬間的頓悟而結束。其實，這本意識流小說的主角是沃許過去在達樂威夫人婚前有一段戀情，但他時時要掌控她，以致這段戀情乃不歡而散。十多年後，他從印度回到倫敦，準備在晚上參加她的舞會。長久以來，他一直想不通這段戀情爲何無法開花結果？最後在舞會結束時，他終於想清楚達樂威夫人經常舉辦宴會，善於將大家聚攏在一起，以撫慰現代人的寂寞心靈，因此她無疑是一位生活藝術家，過去應該讓她保留某種程度的自由，而凡事要掌控她，原來就是戀情破局的關鍵所在。

然而，蔡教授更提出解讀小說的另一個竅門——敘述觀點。在〈小說的敘述觀點〉中，他討論第一人稱觀點和第三人稱觀點，同時也談到一些例外，如第二人稱觀點。然而，蔡教授最有創意的論點，就是論述第一人稱的不可靠敘述者，如福特《好軍人》。在這部小說中，敘述者道爾一結婚後，太太佯稱患有先天性心臟病，不宜太熱情，而她身

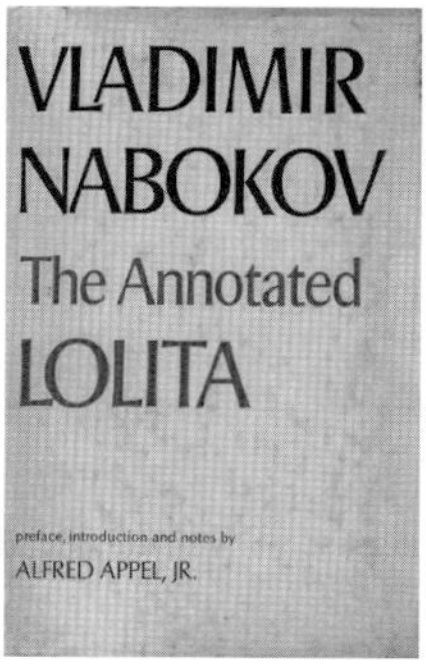

■《洛麗塔》註解版

■《洛麗塔》簡體版

上還帶了一瓶藥當作證據，有趣的是道爾也樂得如此，因爲他有性無能。其實，他太太搞起不倫之戀，後來被她男友拋棄而服毒自殺。爲了讓讀者搞懂，老師說明關鍵所在：「這樣的故事，由一個戴綠帽的丈夫來敘述，他當然不便直言不諱地說自己是烏龜嘍！此外他更不敢張揚他是性無能，所以故事中的諸多細節，不論關於自己或他人的，都有隱瞞，而說詞也前後矛盾。當然作者是要讀者細心地去找那些矛盾或不一致的。」

自一九六〇年代以來，西方文壇的當代小說開始亮相，有些論者則以「後設小說」來命名。書中也花了很多篇幅論述當代小說，如傅敖斯《法國中尉的女人》、納博可夫《洛麗塔》、《黯淡之光》、品瓊《重力之虹》、卡爾維諾《如果在冬夜，一個旅人》。特別是，在〈後設小說的啓示〉，蔡教授強調，後設小說邀請讀者涉入小說中的虛構世界，旨在讓他明白小說是一種文字幻象，以便打破寫實主義的謬誤，因此，後設小說不僅是小說，交代故事內容，同時也對該篇小說的作成有所說明。回顧過去，蔡教授走在時代的先端，因此要了解這些小說只能依賴英文本，如今中譯本一一問世，讀者可以運用這些觀點來跟作品相互論證。同時，讀者要進一步了解當代文學也可以參考〈什麼是後現代文學？〉至於要了解後現代，則不妨仔細閱讀〈後代主義的省思〉和〈詹明信的後現代理論〉這兩篇文章。

綜觀《浪漫主義到後現代主義》，對於「文學研究」和「創作」都提出獨到而深刻的見解，讀完此書，相信對於文學研究者跟創作者將有莫大的助益。回顧過去，本書曾經伴隨四年級跟五年級生渡過那美妙的文學時光，可以確定他們必然獲益良多。

22 推薦有關書籍

出版人的告白：湯姆．麥奇勒回憶錄

閱讀出版人的回憶錄，無疑對於作家有莫大的助益。身爲作家可以從中了解如何跟出版人打交道，同時又可以得知他們是如何跟作家交朋友。一九六〇到八〇年代，可謂英美文學創作的黃金年代，湯姆．麥奇勒在英倫三島親身見證，同時又跟許多作家成爲好朋友，較知名的作家有萊辛、傅敖斯、品瓊、馬奎茲等。

■值得重視的英國名出版人回憶錄

如果不是希特勒掀起二戰，同時大力追殺猶太人，則英國大概不會誕生這位奇特的出版人。「不幸中的大幸」這句話的確可以用在英國名出版人湯姆．麥奇勒的身上。二戰期間，他跟父親從奧地利轉往荷蘭，準備搭船到美國，但在陰差陽錯之下，竟然有一條船將他們帶往英國。

■（臉譜出版）

在寄宿學校成長後，最後選擇做出版。他父親在柏林是也一位名出版人，流亡到倫敦後，依然將出版做得有聲有色，尤其是出了一系列的小開本畫冊。

雖然他長大後跟老爸做同樣的行業，平時兩人經常有書信往來，但父子之間卻暗中較勁。首先，湯姆進入企鵝出版公司任職，受到老闆亞倫．雷恩的重用，但做了一段時間卻無法升遷，於是轉往凱普出版公司（Jonathan Cape）擔任文學部主編。一進去，剛好有機會認股，在父親的贊助下，以五千英鎊入股。後來一路升到總經理，最後還當起董事長。當年他離開企鵝時，父親還寫信抱怨一番，認爲他缺乏遠見，但一路在凱普的豐功偉業，則是好幾年後才告知他，或許爲了保全老爸的面子。

經營出版社，有一面是文化，另一面是商業，兩者之間如何取得平衡，應該是每一位出版人心中最重要的課題。有趣的是，湯姆指出：

「挑選書來出版帶有很強烈的主觀性，沒有什麼規律可循。我只能說，對我而言，我很少出於商業原因來甄選書籍或是作者。要想做好出版，出版人就必須對書籍充滿熱情。對我來說，要想做到這一點，我就必須眞正喜歡這本書，而要喜歡這本書，我就必須眞正讚賞這本書的品質。這就是我惟一的原則。一旦做出了決定，接下來就開始操作。首先在出版社內部傳播這種信念，然後再傳播到外界。」

當年紅透半邊天的《法國中尉的女人》就是在他手上出版，回顧當年這位英國叫傅敖斯的作家一身邋遢，帶著此書的手稿從鄉下到倫敦來跟他見面，他看了之後，決定出版。一上市之後，立即成爲炙手可熱的暢銷書，叫好又叫座。其實，湯姆頗有先見之明，在決定推出此書時，他竟然想到改編成電影，於是大力奔走之下，促成導演卡爾・雷茲與編劇哈洛德・品特共同合作，最後在好萊塢老闆的同意下由梅里・史翠普擔綱演出。此外，他也當起電影的製作人。

書中偶爾也會爆料作家為人所不知道的怪癖與美德。湯姆對於傅敖斯十分照顧，但這位名作家卻很吝嗇，因為每次做客，雅好葡萄酒的傅敖斯竟然以低級酒來款待。更好玩的是，有一年他女兒生日，傅敖斯竟然送了一盒用了一半的蠟筆當作禮物。但有些作家就十分慷慨，表現出有情有義的作風，如諾貝爾得主萊辛就是一位樂善好施，懂得回報的作家。湯姆在凱普推出萊辛很多作品，有一陣子湯姆女兒就讀寄宿學校需要一筆高額學費，萊辛二話不說馬上拿了一筆錢幫助他。

湯姆出版英美小說，眼光向來精準，像當年英倫三劍客馬丁・艾米斯、伊恩・麥克悠恩、朱利安・巴恩斯都曾經和他合作。但他更進軍拉丁美洲小說，例如馬奎茲的暢銷小說《百年孤寂》的英國版就是由他取得授權。當年，馬奎茲跟太太流亡到墨西哥，有一天開車剛要進新墨西哥城，突然想到此書開頭的第一句話——「許多年後，面對行刑隊，奧雷良諾布恩迪亞上校將會回想起，他父親帶他去見識冰塊的那個遙遠的下午。」於是就把車掉回頭，直奔家裡。此後，他太太當掉所有金飾品，幫助他度過生活難關，花了一年多的時間終於完成這部大作。

湯姆眞是受到上帝的眷顧，當年魯西迪的經紀人找上他，詢問是否有意出版《魔鬼的詩篇》，一開價就是五十萬英鎊，於是就一口回絕。後來企鵝出版公司拿到授權，一出版後，魯西迪卻遭到追殺，搞得企鵝全體員工整天忐忑不安。相比之下，凱普的員工也因湯姆的決定而逍遙自在。

這幾年，大陸出版界陸續推出一些出版人的回憶錄和傳記，頗有參考的價值。身爲寫作人，要是能夠多了解先進國家的出版遊戲，那將有助於提升自己的寫作格局。

■卜洛克的小說書寫竅門（臉譜出版）

卜洛克的小說書寫竅門

美國作家卜洛克半輩子書寫推理小說，可謂著作等身，幾年前台灣國際書展基金會邀請他來現身述說創作的奧秘，引起不少的回響。一般說來，許多作家談起創作過程時，總喜歡吹噓一番，有的講得天花亂墜，有的甚至還說一天只寫一百字。其實，這些言論未必能夠給後輩作家有任何啓示。不過，他在《卜洛克的小說學堂》固然談到自身的成功經驗，但也不避諱地挖出他的失敗之作。顯然，像卜洛克這樣坦率的作家，其現身說法是值得學習的。

凡是專業作家總是會歷經嘗試錯誤的過程，而卜洛克也是一樣。他也曾經書寫各種類型的作品，最後才決定書寫推理小說。作家雖然過著自由自在的生活，不怕老闆開除他，但管理自己的作息也是很重要的。因此每天面對電腦或打字機是必需的。但難免有靈感枯竭之時，這一來當然又要開始閱讀。卜洛克不唱高調，所以一旦寫作速度減慢，他就對寫作人提出基本的訓練。

他指出，你每天寫一頁，一年下來，成績也頗有可觀了。如今的作家，一年能寫上一本小說，年復一年，就稱得上是多產作家了。就算是今天倒楣到了極點，難道你認爲，連一頁，你都寫不出來嗎？他的這一段話應該是對剛起步而沒有信心的新進作家，或是一個處於創作低潮時的鼓勵。

但如果越寫越順利的時候，那當然就要有另一種操練方式。這時候，卜洛克的三個要點很受用——寫作是我的第一要務、試著每週工作七天、把例行工作放在最後。既然寫作是身爲作家最重要的大事，那就要了解自己的狀況，比如說，每天在何時是最佳的狀態，因爲唯有這樣才能夠集中精神寫作。有位作家談起一旦開始塑造角色，那這些角色就會變成潛伏在身上的小鬼，你不寫他們，那他們必然會在你心中騷擾你。所以寫出文字，無疑就是餵養他們的最佳方法。作家本身不用上班，那天天寫作也是應該的，有的即使某日突然寫不出任何一個字，也會敲打鍵盤，證明自己還是在寫作。既然作家將寫作擺在第一，那寫完該寫的內容之後，運動、上網、回信，必然比較會心安理得。

說來說去，作家應該當起宅男宅女嗎？答案應該不是。這時候，卜洛克又有一番議論。他強調：避開制式的生活方式、打量你的周遭環境、不要停止學習、多遛遛、多看看。他每天固定會到某一個地方，但總會選擇不同的路徑。這是有趣的說法，讓自己會看到不同的景觀。比如說，你想寫一章有關嘉年華的情景，但一直寫不出來，說不定就在路上巧遇一個創意市集，其中還有很多表演活動，於是你停下來欣賞一番，也許回到家就順利地寫完一章。也許你想寫一篇有關軍隊的故事，這時你搭著車，剛好鄰座有兩個阿兵哥在聊天，你偷聽到了的談話內容，此時你的靈感就會不斷湧現。

作家在創造角色喜歡作怪，但卻不吸引讀者，甚至無法讓讀者在心中留下深刻的印象，這指卜洛克勸人不要裝腔作勢。他以大衛・亞力山大筆下的偵探爲例，指出，整個人就住在紐約四十二街跳蚤馬戲團樓上，穿件俗氣刺眼的背心，只喝愛爾蘭威士忌，四點鐘前絕不喝酒，但四點過後就開始喝。這個角色之所以深入人心，並不是他有些怪癖，而是這些怪癖烘托出的性格。這個角色怎麼看世界、怎麼行事、如何反應，恐怕要比他吃什麼早餐，要來的重要。

接著，他以自己筆下的偵探歷史卡德爲例，他因想阻止一宗挾持案件，開了槍，流彈誤傷一個小朋友，從此開始有罪惡感。有時候會到教堂靜坐，雖然他不是教徒。其實，這個罪惡感，卜洛克就把他當年離婚時拋棄兒女的愧疚融入史卡德這個角色。這一來，這個角色還頗吸引讀者的眼光。

本文只是說出一些我認爲的寫作重點，但書中精彩的內容舉目可見，如果你有意成爲專業作家，那就應該仔細閱讀每一頁。不過，當不成職業作家也沒關係，有空的時候也可多寫點東西，這時候這本書的第六章「週日作家」，應該會有參考的價值。好吧！那就翻開這本書，集中精神好好看一看，你必定獲益良多。

國家圖書館出版品預行編目資料

寫作的秘密 / 韋振豐著. -- 初版. -- 臺北市：台灣書房, 2012.09
面； 公分. -- (游藝集；8V34)

ISBN 978-986-6318-72-6 (平裝)

1.作家 2.世界傳記

781.054 101010356

游藝集 8V34

寫作的秘密

作　　者 韋振豐（512）
主　　編 Meichiao
編　　輯 蔡明慧
封面設計 韋振豐

發 行 人 楊榮川
出 版 者 台灣書房出版有限公司
地　　址 台北市和平東路２段３３９號４樓
電　　話 ０２－２７０５５０６６
傳　　真 ０２－２７０６６１００
郵政劃撥 １８８１３８９１
網　　址 http://www.wunan.com.tw
電子郵件 tcp@wunan.com.tw
總 經 銷 朝日文化事業有限公司
地　　址 新北市中和區橋安街15巷1號7樓
電　　話 ０２－２２４９７７１４
傳　　真 ０２－２２４９８７１５

顧　　問 元貞聯合法律事務所　張澤平律師

出版日期 2012年9月 初版一刷
定　　價 新台幣250元整

台灣書房

台灣書房